2. Septembre 1775.

RÈGLEMENT

ARRÊTÉ

PAR LE ROI,

Pour l'Habillement & l'Équipement de l'Infanterie, des Invalides & des Troupes-légères.

Du 2 Septembre 1775.

A PARIS,

DE L'IMPRIMERIE ROYALE.

M. DCCLXXV.

2. Septembre 1775

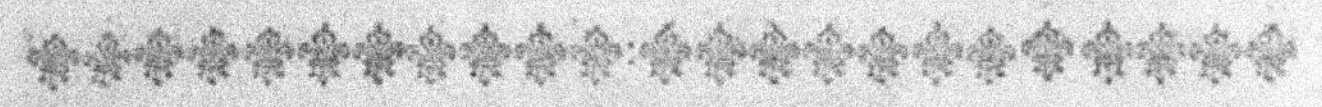

TABLE DES ARTICLES

Contenus dans ce Règlement.

RÈGLEMENT

2. Septembre 1775.

RÈGLEMENT
ARRÊTÉ PAR LE ROI,
Pour l'Habillement & l'Équipement de l'Infanterie, des Invalides & des Troupes-légères.

Du 2 Septembre 1775.

DE PAR LE ROI.

INFANTERIE.

ARTICLE PREMIER.

De l'Habillement.

LES habits & vestes seront façonnés proportionnément à la taille des hommes, assez larges & aisés pour que le Soldat puisse boutonner les revers dans toute leur longueur, & les trois boutons qui sont au-dessous; porter un gillet en temps de paix comme en temps de guerre, & faire commodément les mouvemens qui lui seront ordonnés, sans être gêné, & sans être exposé à déchirer les coutures. Les habits neufs seront tenus d'une longueur raisonnable à pouvoir arriver, en sortant de la main de l'ouvrier, à quatre pouces au plus près de terre. On observera que pour faire cette épreuve, l'habit doit être boutonné dans toute la longueur des revers & des trois boutons au-dessous; il sera disposé de façon à couvrir, autant qu'il sera possible, la cuisse du Soldat, quand il sera boutonné, ainsi qu'il est prescrit. Les poitrines seront larges & aisées, & la mesure sera prise à chaque homme, les épaules bien effacées; les manches seront doublées d'une bonne toile calendrée, afin de donner plus de facilité au Soldat à remettre son habit, sans ôter sa veste pour en passer les manches.

Les pattes des poches ne seront point ouvertes, elles seront seulement figurées, coupées dans le devant de l'habit, & bordées d'un passe-poil ou liséré, de la couleur tranchante de la distinction de l'uniforme.

Le collet ne sera point renversé, il sera droit, & aura quinze lignes de hauteur.

Les revers mesurés de la pointe qui sera fixée dans la partie supérieure par le premier bouton, auront dix-huit pouces de long & trois pouces & demi apparens dans la plus grande largeur, trois pouces trois lignes au milieu, & deux pouces six lignes dans le bas qui sera coupé quarrément; il sera façonné avec un douzième de drap ou cinq vingt-quatrièmes de panne.

Chaque côté de revers sera garni, indistinctement pour tous les régimens de quatre ou de deux bataillons, de sept petits boutons, le dessous le sera de trois gros; le parement qui sera doublé en son entier, sera de quatre pouces de long, compris le rempli, pour demeurer à trois pouces & demi apparens, la largeur proportionnée à la grosseur du bras, & juste autour de la manche, sans la serrer ni la gêner; il sera façonné avec un quinzième de drap ou un cinquième de panne,

2. Septembre 1775.

il n'y aura aucuns boutons sur le parement, il sera ouvert en-dessous, ainsi que l'avant-bras, pour être chacune desdites parties fermées par deux petits boutons qui seront placés à un pouce du bord de l'étoffe, pour qu'elles puissent croiser en se fermant, & qu'il y ait assez d'étoffe pour la réparation qui deviendroit nécessaire.

Chaque habit sera façonné avec une aune un tiers de drap, deux aunes trois quarts cadis pour doublure, & trois quarts de toile large de sept huitièmes pour droit-fils, doublures de manches & poches qui seront cousues dans les plis; il sera garni des portes & crochets nécessaires.

La veste qui sera façonnée avec une aune de drap blanc, deux aunes un huitième cadis, & un quart de toile de sept huitièmes, emboîtera bien les hanches & boutonnera bas, de manière que le dernier bouton couvre entièrement la ceinture de la culotte; les boutonnières du devant seront faites en drap, & croiseront sur une petite bande qui sera laissée le long des boutons, celles des poches seront pincées dans la superficie du drap, & passées à la criquette; les basques seront à six pouces & demi, à compter du dernier bouton, les manches seront cousues, excepté sous les bras, les basques du devant seront doublées de toile, au lieu de serge ou cadis.

Les régimens Étrangers, dont les mouvemens & les variations sont fréquens, porteront la veste en tricot ou estamet blanc, doublée de toile; il y sera employé la quantité d'une aune trois quarts, tricot large de sept douzièmes, ou l'équivalent en estamet, & une aune trois seizièmes, toile large de sept huitièmes.

Les culottes seront à pont-levis; elles seront pour tous les grades, façonnées avec une aune un douzième tricot, ou l'équivalent en estamet; les boutons seront de la même étoffe; le caleçon sera de toile, & détaché de la culotte; il ſera façonné avec ſept huitièmes, toile de ſept huitièmes.

Elle remontera très-haut & proportionnément à la poſition de la hanche de l'homme; la ceinture aura trois pouces & demi de largeur; le bas de la culotte couvrira entièrement le genou, ſans pourtant deſcendre au-deſſous des deux os de côté, qu'elle emboîtera ſeulement.

Les culottes ſeront remplacées à neuf au complet chaque année; il ſera néanmoins permis au Soldat de ſe fournir de culottes de toile blanche pour l'été, pourvu que la maſſe deſtinée à ſon entretien du petit équipement le puiſſe permettre, & que d'après le compte rendu de ladite maſſe, l'Inſpecteur aura approuvé la dépenſe deſdites culottes: Le détail des fournitures réglées ſera joint à la fin, *N.° 1.er*

Pour rendre plus ſenſibles les proportions détaillées, & mettre les Officiers-majors & ceux chargés de l'habillement, plus en état de les faire obſerver proportionnément à la taille des hommes qui devront être habillés, il ſera envoyé à chaque Corps un modèle de chacune des parties d'habillement, pour y faire conformer les ouvriers, & empêcher qu'il y ſoit apporté aucun changement. Les boutons uniformes ſeront coulés, & la queue ſera de même métal, de cuivre ou d'étain, pour tous les grades de chaque compagnie indiſtinctement; & attendu qu'ils doivent être de la meilleure qualité, ſuſceptibles de durer plus que le temps fixé pour la durée de chaque partie d'habillement, & de ſervir en partie au remplacement qui ſe ſuccède chaque année, il n'en ſera fourni & alloué que moitié du complet de chaque réparation.

Les boutonnières, qui devront être faites en poil de chèvre, ſeront de la couleur de l'étoffe ſur laquelle elles ſeront appliquées.

Les

2. Septembre 1775.

Les habits & vestes dureront trois ans pour l'Infanterie françoise, & le remplacement sera fait par tiers chaque année.

Ils seront remplacés pour l'Infanterie étrangère, par moitié chaque année, & fournis à cet effet en étoffes plus légeres & de moindre qualité.

Les Troupes se serviront de son, & fort rarement, pour maintenir la propreté de l'habillement.

Les craies, terres de pipes & ocres, dont il a été fait usage pour blanchir & ocrer les parties de la draperie, ayant été reconnus caustiques & corrosifs, & par conséquent préjudiciables à leur durée, l'usage en sera & demeurera défendu.

Les fournitures pour les remplacemens ordonnés chaque année, seront envoyées aux régimens dans le mois de Septembre, pour être mises en œuvre pendant l'automne.

Il sera délivré, autant qu'il sera possible, aux Soldats qui se retireront pour jouir de la demi-solde ou de la solde entière, l'habillement qui leur est accordé dans l'uniforme particulier qui leur a été réglé par les Ordonnances; & pour cet effet, chaque régiment aura attention de tenir en réserve les fournitures nécessaires.

Il sera formé chaque année, un contrôle particulier desdits hommes, qui contiendra le nom de baptême, de famille, le lieu de naissance; le grade de la paye qui lui aura été accordée, le lieu où il aura déclaré se retirer, & le dénombrement des parties de l'habillement qui lui auront été délivrées; ledit contrôle sera signé & certifié véritable par le Major, visé du Commandant, & envoyé à la Cour après la revue de l'Inspecteur: Les hommes qui n'étant pas rengagés, devront avoir leur congé absolu par rang d'ancienneté, ne participeront point à la distribution de l'habillement neuf qui sera délivré pour l'année qui précèdera l'époque de leur congé. Les Officiers de l'État-major auront attention de consulter à cet effet le tableau du régiment, & de se conformer exactement à la présente disposition, afin que lesdits hommes n'emportent avec eux que les parties d'habillement qui seront dans la dernière année de leur service. Ceux qui seront tirés pour la compagnie des Grenadiers à cheval, n'emporteront avec eux ni le sabre, ni le bonnet uniforme de peau d'ours.

ARTICLE 2.

De la Coiffure.

LES casques, tels qu'ils ont été donnés à l'Infanterie, seront supprimés après avoir rempli le temps de leur durée, & remplacés par des chapeaux coupés ronds avec des formes profondes; elles ne seront point écrasées en dessus, pour faciliter davantage l'écoulement des eaux; les ailes seront peu élevées, & à peu-près de niveau avec le haut de la forme; elles seront retroussées au moyen de six gances fortes de crin, qui seront disposées de façon à être fixées par un petit bouton uniforme, cousu sur le milieu de la forme du chapeau, afin que le Soldat puisse plus facilement en baisser ou rabattre les ailes pendant le mauvais temps, & préserver son cou & ses épaules de la pluie.

Les chapeaux des Fourriers, Sergens & Tambours-majors, seront bordés d'un galon d'argent, de la largeur de seize lignes; ceux du surplus des hommes de chaque compagnie, le seront d'un galon de fil blanc, de même largeur; les chapeaux seront remplacés tous les deux ans au complet de la composition de chaque Corps.

Chaque bord de chapeau sera long d'une aune. Il sera employé trois huitièmes de gance noire pour assujettir le gros bouton qui sera uniforme.

2. Septembre 1775.

Les Grenadiers feront coiffés avec des bonnets de peau d'ours, garnis fur le devant d'une plaque de cuivre jaune, timbrée de l'écuffon aux armes du Roi, & garnis de cordons & galons de fil blanc; l'intérieur du bonnet fera de cuir naturel, fans être bouilli, ni enduit de réfine; le derrière fera couvert de drap, de la couleur tranchante des diftinctions de l'uniforme; indépendamment dudit bonnet, dont la durée eft réglée à l'efpace de fix ans au moins, il fera délivré & fourni un chapeau uni à chaque Grenadier, pour le même efpace de temps; il ne fera permis ou toléré aucune houppe ni bourdaloue.

Chaque Soldat fe fournira & s'entretiendra d'une cocarde de bafin blanc.

ARTICLE 3.

Des marques diftinctives du Grade des Fourriers, Sergens, Caporaux & Appointés de l'Infanterie, & de la Diftinction des Soldats-gentils-hommes dans les compagnies.

LES Fourriers porteront deux bandes de galon d'argent fin, larges de dix lignes, coufues en travers fur le dehors de la manche, au-deffus du pli du bras; ils porteront de plus, un bordé de même galon à fix lignes au-deffus du parement, & parallèlement autour de la manche; les Sergens porteront le fimple bordé de galon d'argent auffi fur l'avant-bras, à fix lignes au-deffus du parement.

Les Caporaux des régimens qui auront l'habit blanc, porteront au-deffus & parallèlement au parement, un double bordé de galon laine bleue; le premier fera placé à fix lignes du parement, & le fecond à trois lignes du premier.

Les Appointés porteront un seul bordé au-dessus du parement.

Ceux des régimens qui porteront l'habit, soit en bleu, soit en rouge, porteront les distinctions en galon blanc. Les Soldats gentils-hommes qui serviront dans les compagnies, porteront pour distinction à leur uniforme, un petit galon d'argent de six lignes, en bordé autour du collet.

ARTICLE 4.

De l'Habillement des Tambours, Fifres ou Clarinets.

LES Tambours porteront l'habit de drap bleu affecté à la livrée du Roi, avec les revers, paremens, collets, vestes, culottes & doublures des couleurs déterminées, coupes de poches & placement des boutons réglés pour chaque régiment; à l'exception de ceux de la Reine, des Princes du Sang, des régimens Allemands, autres que ceux qui ont le titre de *Royal*, des Irlandois, des Suisses & Grisons, qui continueront à porter la livrée des Colonels, en se conformant toutefois aux marques distinctives de l'uniforme de chaque Corps, de sorte que les paremens, collet & revers qui se trouveront dans l'uniforme des Soldats, de même couleur que le fond de leur habit, seront de même drap pour les Tambours, que sera celui de leur habit.

L'habit sera bordé d'un galon de livrée, de la largeur de neuf lignes, les manches seront bordées de sept bandes de même galon, cousues sur le dehors du bras, d'une couture à l'autre, à distance égale; le devant de l'habit, au-dessous des revers, sera de chaque côté, garni de trois agrémens de galon de même livrée, de dix-huit lignes de large, la patte de la poche & le dessous seront également garnis de six agrémens, & le parement le sera de deux.

L'habit

L'habit du Tambour-major sera le même que celui des autres Tambours, il sera de plus galonné d'un galon de même livrée, large de neuf lignes, sur les coutures de la taille; & il sera substitué au bordé & aux agrémens de livrée, sur les paremens, un double bordé en galon d'argent, large de dix lignes.

Défend Sa Majesté de faire galonner les habits du Tambour-major, en galon d'or ou d'argent, & d'apporter aucun changement à la disposition précédemment prescrite; voulant que s'il s'en trouve, la suppression en soit sur le champ ordonnée, & le compte rendu par l'Inspecteur au Secrétaire d'État ayant le département de la guerre.

Les Fifres & Clarinets qui sont attachés pour l'accompagnement des Tambours dans chaque bataillon, porteront l'habit du fond de l'uniforme ci-dessus réglé des Tambours, sans livrée; le parement sera bordé autour d'un galon d'argent fin, large de dix lignes, & le collet sera sans bordé; les revers, paremens, collet, doublure, veste & culotte, seront au surplus de même qu'ils ont été réglés pour les Tambours.

Le fût ou caisse de Tambour, sera en cuivre, de douze pouces de hauteur sur treize pouces & demi à quatorze pouces de diamètre, il sera du poids de sept livres & demie au moins, il ne sera timbré ou gravé d'aucuns ornemens, écussons ou trophées, & il y sera seulement empreint le numéro du régiment, à peine aux Colonels qui permettroient les écussons, trophées ou ornemens, de remplacer à leurs frais, lesdits fûts ou caisses de Tambours, unis & tels qu'ils ont été prescrits.

ARTICLE 5.

De l'Habillement des Officiers.

L'HABILLEMENT des Officiers sera parfaitement

uniforme à celui des Soldats de leur régiment, & ne différera que par la qualité des draps d'Elbeuf ou des manufactures de même espèce, & des boutons qui seront dorés ou argentés.

Les cheveux des Officiers de l'État-major & des compagnies, seront liés en queue, de la même longueur qui sera ci-après réglée pour les Soldats.

Les Officiers des compagnies de Grenadiers, seront coiffés de bonnets de peau d'ours, du même modèle que ceux réglés pour les compagnies; les galons & glands dont ils seront garnis, seront tissus de filés d'argent, ou mélangés de filés d'argent & de soie, dans la même proportion pour chaque grade, que celle qui sera ci-après réglée pour les épaulettes. Les Officiers de l'État-major, & ceux des compagnies de Fusiliers, seront coiffés avec des chapeaux bordés de galons d'argent sans clinquant ni festons, garnis de cocardes blanches. Aucun Officier ne pourra porter de plumet avec l'habit uniforme, sous tel prétexte que ce soit. Toute espèce de liséré ou passe-poil de couleur tranchante, autre que celui qui sera ci-après réglé pour l'uniforme, sera & demeurera expressément défendu à l'habillement de l'Officier, comme à celui du Soldat.

ARTICLE 6.

Dispositions générales sur l'Uniforme.

LES Officiers ne porteront, sous aucun prétexte, de doublures de soie à leurs habit, veste, redingote ou manteau; ils ne porteront également aucuns galons ou boutonnières de fil d'or ou d'argent, que ceux qui seront réglés pour l'uniforme. Les redingotes seront de la couleur du drap uniforme. Tous les Officiers, de quelque grade qu'ils soient, seront tenus de porter en toute occasion, au Régiment, leur habit uniforme, tout le temps qu'ils existeront au service. L'usage des manchettes à dentelles sera & demeurera prohibé.

Aucun Officier, de tel grade qu'il soit, ne se permettra aucun changement, variation ou agrément quelconque dans les uniformes qui seront ci-après déterminés par le présent Règlement, sous les peines que Sa Majesté se réserve de prononcer d'après le compte qui lui en aura été rendu.

ARTICLE 7.

Des Marques distinctives des Grades des Officiers de l'Infanterie.

LE Colonel ou celui qui commandera en chef un régiment, portera de chaque côté une épaulette de tresse en or ou en argent, selon la couleur du bouton, blanc ou jaune, affecté au régiment, ornée de franges à graines d'épinards, nœuds de cordelières & cordes à puits : toute espèce de broderie ou paillette sera & demeurera défendue.

Le Lieutenant-colonel portera à gauche une seule épaulette de même, garnie de franges & agrémens pareils à ceux du Colonel.

Le Major portera de chaque côté une épaulette en or ou en argent, ornée de franges seulement, sans autres agrémens.

Les Chefs de bataillon porteront une épaulette avec une frange simple, en or aux épaulettes d'argent, & en argent aux épaulettes d'or.

Les Capitaines & les Aide-majors qui auront commission de Capitaine, porteront une épaulette en or ou en argent, ornée de franges comme celles du Major. Le Lieutenant ne pourra porter l'épaulette pleine en or ou en argent; elle sera losangée de carreaux de soie de la couleur tranchante des paremens, revers ou collet uniformes, réglés pour chaque régiment, sur un fond de tresse d'or ou d'argent uniforme à la couleur du bouton; la frange, dont l'épaulette sera garnie, sera mêlée d'or ou d'argent, & de soie, en proportion du mélange qui sera dans le tissu de l'épaulette.

Le Sous-lieutenant portera l'épaulette à fond de soie, de la couleur tranchante de l'uniforme, avec des carreaux de tresse d'or ou d'argent, uniformes à la couleur du bouton & des franges, mêlées de soie ou de filé d'or ou d'argent, en proportion du mélange de l'épaulette.

Le Porte-drapeau portera l'épaulette à fond de soie de la couleur tranchante de l'uniforme, liserée d'or ou d'argent, suivant la couleur du bouton, & garnie de franges assorties.

Les Officiers ne pourront porter à leurs Corps, que les distinctions réglées & déterminées pour les emplois qu'ils exerceront, quand même ils seroient pourvus de commission de grade supérieur, & se conformeront à cet égard avec une scrupuleuse exactitude, aux modèles envoyés.

ARTICLE 8.

De l'équipement du Soldat.

LES cols seront de crin noir, comme l'espèce la plus durable, la moins chère & qui se soutient le mieux sans le secours d'un carton, toujours gênant & sujet à occasionner des incommodités; le col sera doublé de peau blanche, il sera large de vingt lignes; il sera garni d'un petit rabat de toile blanche, apparent de quatre lignes tout autour, & faufilé en dedans.

Les manches de chemise pour l'Infanterie, seront sans manchettes, à l'exception de celles des Fourriers &

& Sergens qui pourront être garnies de toile sans rayure ni broderie, de douze à quinze lignes de hauteur, compris l'ourlet qui sera de deux lignes.

Le Soldat aura, pour l'été, des guêtres de toile blanche, qu'il teindra en noir, avec la méthode qui sera prescrite, lorsqu'elles seront vieilles, & elles lui serviront dans les routes & dans les temps pluvieux; il portera pendant l'hiver des guêtres d'étoffe de laine gris-blanc: toutes les guêtres doivent bien emboîter le coude-pied, de façon à couvrir entièrement la boucle & la totalité du quartier du soulier, à trois lignes près de la couture du talon; les boutons seront toujours de la même étoffe que la guêtre, placés à égale distance, de manière à la partager bien également sur le côté extérieur; sa longueur couvrira seulement le mouvement de la rotule du genou, & les deux derniers boutons serreront un peu sans gêner, pour que la guêtre ne retombe pas; il sera fait une boutonnière à la place du dernier bouton, pour y passer le second bouton du bas de la culotte, sur laquelle croisera la dernière boutonnière de la guêtre, afin de la contenir & de l'arrêter plus sûrement, la couture partagera également la jambe par-derrière; les jarretières seront de la même étoffe, larges de dix lignes; les boucles seront de cuivre jaune, unies, quarrées dans l'ouverture intérieure, & arrondies aux angles extérieurs.

La bonté & la solidité des souliers du Soldat, étant un objet d'utilité & d'économie, les Officiers prendront les meilleurs moyens pour s'en assurer; & pour cet effet ils se procureront les meilleurs cuirs, & feront travailler avec le plus grand soin les souliers dans le régiment même; ils auront attention de faire garnir la dernière semelle de clous à tête plate & large, dont la pointe sera rabattue & rivée avant que ladite semelle soit cousue, il y aura une semelle intermédiaire entre la première & la dernière; le dernier cuir du talon sera pareillement garni de clous, dont la pointe sera également rabattue avant qu'il soit cousu.

Et pour assurer l'économie qui doit résulter des soins des Officiers de l'État-major à cet égard, il sera donné un détail de calcul sur les proportions que chaque cuir doit avoir, & le nombre de paires de souliers qu'il est possible d'en tirer. *Voyez le n.° 2.*

La giberne des Grenadiers, à l'exception de celle des Fourriers & Sergens desdites compagnies, qui sera plus petite & plus légère, sera faite en forme de boîte quarré-long, de cuir noir fort; les parties de cuir qui formeront les flancs de ladite boîte, seront également fortes, sans qu'il puisse y être introduit un entre-deux de carton: elles seront prolongées de façon à pouvoir être recourbées sur l'ouverture de la giberne, de deux pouces de chaque côté, pour contenir les cartouches & les préserver de l'humidité. La boîte aura cinq pouces & demi de profondeur, bordée d'un cuir de veau sur toutes les faces, & propres à recevoir un coffret de bois de deux pouces & demi de hauteur, huit pouces & demi de longueur & deux pouces & demi d'épaisseur, percé dans le milieu de six trous sur deux rangs, & évidé de droite & de gauche en forme carrée, pour recevoir chacune un paquet de quinze cartouches d'artillerie. La pattelette de la giberne ne sera point bordée; elle sera de cuir lissé, noir, le plus fort possible, sans coutures: elle sera tenue assez grande pour déborder d'un pouce chaque flanc de la boîte, & d'un pouce & demi l'extrémité inférieure, qui sera coupée carrément sans feston; il sera cousu sur la face antérieure du caisson de la giberne, une petite bourse de cuir noir pour serrer les pierres à fusil & la pièce grasse; elle sera garnie d'une lanière de même cuir pour en fermer l'entrée: le dessus de la pattelette sera orné dans son milieu d'un trophée aux armes du Roi, en médaillon ovale, de cuivre jaune, & d'une grenade en feu à chaque extrémité des quatre angles de la surface extérieure.

La giberne des Fusiliers, non compris celle des Fourriers & Sergens desdites compagnies, qui sera moins grande, sera des mêmes proportions & forme que celle des Grenadiers; à l'exception que la boîte de cuir fort aura neuf lignes de moins de profondeur, que la pattelette sera diminuée en proportion, & qu'elle ne sera garnie que du seul médaillon de cuivre jaune aux armes du Roi.

La courroie porte-giberne sera de buffle blanc, longue de quatre pieds huit à dix pouces & large de trois pouces; les extrémités seront prolongées par une petite courroie de cuir de vache ou de veau fort, de quatorze lignes de large, & chacune sera fixée à une boucle de cuivre garnie d'ardillons de fer, enchapée & cousue sous le caisson de la giberne; ladite courroie-porte-giberne, sera contenue à la partie supérieure du caisson par une bande de cuir fort, large de deux pouces, pour empêcher qu'elle ne renverse sur le devant; le porte-giberne, doublé en bandoulière, passera entre le caisson & ladite bande de cuir, de façon que les deux parties soient rapprochées dans le milieu, & ne soient séparées que par une couture double, distante de trois à quatre lignes l'une de l'autre. Le ceinturon, destiné à porter le sabre, sera de buffle blanc sans piqûre, la courroie longue de quatre pieds & large de deux pouces; il y sera attaché un seul pendant de même cuir propre à porter le sabre & la baïonnette, en ligne perpendiculaire un peu inclinée & un passant de la largeur de six lignes; sur le pendant du ceinturon, il sera attaché deux petits boutons de cuir pour fixer le fourreau du sabre & celui de la baïonnette, au moyen d'une courroie ouverte en boutonnière, dont chacun desdits fourreaux sera garni.

Les ceinturons de Fusiliers qui ne doivent porter que la baïonnette, seront également de buffle blanc sans piqûre; la courroie longue de quatre pieds, aura vingt-deux lignes de largeur, & sera garnie d'un pendant en couteau de chasse, & d'un coulant qui aura six lignes de largeur; il sera cousu sur le pendant un petit bouton de cuir pour fixer la courroie, ouverte en boutonnière du fourreau de la baïonnette.

Tous les ceinturons seront garnis d'une plaque de cuivre jaune uni, & de son crochet pour tenir lieu de boucle; ils seront portés en ceinture sur la veste; le remplacement qui devra en être fait chaque année, à raison d'un vingtième, ne sera point garni de plaques, & le régiment s'en pourvoira, conformément au modèle qui lui aura été envoyé.

Les couvre-douilles de la baïonnette & cordons de sabres qui ont été reconnus parfaitement inutiles, seront & demeureront supprimés.

Les bretelles de fusils, seront de buffle blanc, de deux pieds dix pouces de long, & de seize lignes de largeur; elles seront à l'un des bouts garnis d'une boucle de cuivre, de forme convexe, & de lanières de cuir au bout opposé.

Les colliers ou porte-caisses de Tambours, seront également de buffle blanc, sans piqûres, coupés plus larges dans la partie inférieure, & proportionnés dans la forme des modèles envoyés, & dont il est fait usage.

Le havre-sac des Soldats sera de peau de veau à poil, doublé d'une toile forte; il aura un pied de profondeur sur quatre pouces d'épaisseur, & dix-huit pouces de largeur, formant un quarré-long; le couvercle

ou

ou dessus du havre-sac, sera fait de façon à emboîter, pour garantir de la pluie; il sera cousu en dedans un morceau de toile, de la longueur & de la largeur du havre-sac, pour former une séparation dans le milieu; il sera cousu en outre un autre morceau de toile, de la séparation à la partie antérieure dudit havre-sac, pour placer les souliers, le sac-à-poudre & un étui de fer-blanc; l'autre partie servira à mettre le pain; chaque havre-sac sera de grandeur convenable à renfermer, non-compris ce que le Soldat doit avoir sur le corps, deux chemises, un col, trois rabats, une culotte, un caleçon de rechange, une paire de guêtres blanches pour l'été & une grise d'étoffe de laine pour l'hiver, une paire de bas, une paire de souliers, un étui garni de peignes, une paire de brosses à souliers renfermée dans un petit sac, un étui de fer-blanc renfermant un bâton de cirage noir, un bonnet pour coucher, le bonnet de police & du pain pour quatre jours; les Soldats auront de plus un sac de toile pour les distributions, & dans lequel ils pourront s'envelopper pour coucher; le havre-sac sera fermé avec trois petites courroies & leurs boucles; il sera porté avec des bretelles de buffle.

ARTICLE 9.

De l'Armement des Soldats de l'Infanterie.

LA compagnie de Grenadiers en son entier, & tous les hommes qui composent les compagnies de Fusiliers de chaque bataillon, seront armés de fusils & baïonnettes.

Le canon des fusils aura trois pieds six pouces de longueur; il sera rond, à l'exception d'un petit pan (de la longueur du rempart de la platine) qui sera conservé à chaque côté du tonnerre; le diametre extérieur du canon vers la culasse, sera de quatorze lignes fortes; le diamètre extérieur vers le milieu du tonnerre, à quatre pouces de la culaſſe, ſera de treize lignes, & il ſera de douze lignes à huit pouces de la culaſſe, le diamètre extérieur au bout du canon ou à l'entrée, ſera de neuf lignes fortes; le calibre aura ſept lignes trois quarts de diamètre, pour que la balle de dix-huit à la livre, ait ſuffiſamment de vent.

La lumière, qui aura une ligne foible de diamètre, ſera percée bien au milieu du petit pan, à ſept lignes de la culaſſe.

Le tenon de la baïonnette ſera braſé en deſſus du canon, à un pouce juſte de la bouche, il aura trois lignes de longueur, deux lignes & demie de largeur, & une ligne & demie de hauteur; il ſera limé à tête de diamant à quatre pouces de la bouche, il ſera braſé en deſſous; & à une ligne à gauche du centre du canon, un tenon de quatre lignes de longueur, de deux lignes de hauteur & d'une ligne & demie d'épaiſſeur, qui ſervira à fixer un reſſort deſtiné à arrêter la baïonnette; ce reſſort ſera tenu par une goupille.

Le fuſil ſera monté en bois de noyer, la croſſe aura quatorze pouces ſix lignes de longueur, vingt-une lignes d'épaiſſeur & quatre pouces trois lignes de largeur.

La baguette ſera d'acier trempé & recuite, pèſera environ une demi-livre, la tête, dont le deſſus ſera un peu arrondi, aura ſix lignes & demie de diamètre; la baguette appuyée ſur la culaſſe, ſera plus longue que le canon d'environ quatre lignes, & cet excédent ſera taraudé pour recevoir un tire-bourre; l'extrémité de la baguette aura environ deux lignes deux points de diamètre.

Le fuſil monté & garni, pèſera de neuf livres à neuf livres quatre onces, ſans baïonnette; & de neuf livres & demie à neuf livres quatorze onces, armé de sa bayonnette.

La baïonnette sera plate en dedans jusqu'à la distance de six pouces du bout où elle sera évidée, le dos aura une arête évidée des côtés dans toute la longueur de la lame, qui aura quatorze pouces de longueur, & sera distante à sa naissance de seize lignes du bout intérieur de la douille, qui aura deux pouces & demi de hauteur, & sera garnie d'un bourlet de deux lignes de largeur arrondi & continué tout autour.

Les Fourriers des compagnies de Fusiliers, indépendamment du fusil dont ils seront armés, porteront pour les campemens une fiche longue de six pieds, garnie d'une banderole de drap de la couleur du régiment.

Les canons de fusil seront éclaircis, suivant les précautions ci-après indiquées, pour ne pas détériorer l'arme, & ne pourront être bronzés sous aucun prétexte; la batterie de fusil sera couverte d'une capucine de buffle, dont le Soldat se fournira au moyen des vieilles courroies de ceinturon ou de giberne qui seront remplacées.

ARTICLE 10.

De l'Armement des Officiers à la tête de leur Troupe.

LES Officiers des compagnies de Grenadiers & de Fusiliers, seront armés de fusils & de baïonnettes; les Colonels, Lieutenans-colonels d'Infanterie & les Chefs de bataillon sous les armes, porteront l'épée à la main, soit à cheval, soit à pied; le Major & les Aides-majors seront de même à cheval ou à pied, l'épée à la main.

Les Officiers de l'État-major de l'Infanterie françoise ou étrangère sous les armes, porteront sur la veste leur ceinturon qui sera large de vingt-quatre lignes.

ARTICLE II.

De l'Équipement des Officiers.

LE ceinturon sera de buffle blanc, large de deux pouces, il sera garni d'un porte-sabre de même cuir & d'un porte-baïonnette, sur lequel il sera cousu un petit bouton pour assujettir le fourreau de la baïonnette, qui sera garnie d'une petite courroie de cuir ouverte en boutonnière; l'épée pour tous les Officiers indistinctement, sans excepter ceux des compagnies de Grenadiers, sera à garde de cuivre doré & poignée d'argent à la Mousquetaire, la lame sera plate & forte, longue de vingt-six pouces, elle sera garnie d'une dragonne ou cordon à un seul gland, mêlé de filés d'or ou de soie de la couleur distinctive de l'uniforme de chaque Corps, dans la proportion déterminée sur le mélange des épaulettes réglées pour la distinction de chaque grade, c'est-à-dire d'un peu de soie tressée à chaque extrémité de la largeur du cordon en or, avec gland orné de franges & nœuds de cordelières pour les Colonels & les Lieutenans-colonels.

Le double de soie dans le cordon d'or, garni d'un gland, avec franges simples pour le Major, & les Capitaines: le Chef de bataillon les portera en couleur opposée, comme à l'épaulette.

Le cordon en mosaïque de soie & carreaux d'or, avec le gland mêlé de soie & de filé d'or, pour les Lieutenans.

Le cordon en mosaïque d'or & les carreaux en soie, avec le gland mêlé dans la même proportion de soie & de filé d'or, pour les Sous-lieutenans.

Le cordon en soie, liséré de fil d'or, garni d'un gland

gland à franges de ſoie & filés d'or, pour le Quartier-maître & le Porte-drapeau.

L'épée pour les Officiers de l'État-major, ſera de la même forme que celle des autres Officiers.

La cartouche des Officiers ſera percée à ſeize coups ſur deux rangs: la boîte ou coffret ſera de cuir noir, bordé de même; il ſera recouvert d'une pattelette de cuir noir, liſſé, ſans bordure ni galon: elle ſera ornée dans le milieu, d'un écuſſon aux armes du Roi & trophées de cuivre doré.

Celle des Officiers de Grenadiers, ſera de plus ornée de deux petites grenades en feu, aux extrémités inférieures de la pattelette.

La courroie, porte-cartouche ou banderole, ſera de buffle blanc, large de vingt-ſept lignes.

Tous les Officiers indiſtinctement, y compris ceux de l'État-major, qui ſeront de ſervice, porteront le hauſſe-col de cuivre doré, orné dans le milieu, d'un médaillon en argent aux armes du Roi.

Les bretelles de fuſils, ſeront de buffle blanc, larges de ſeize lignes.

ARTICLE 12.

Des Drapeaux.

LA monture des drapeaux, & la fourniture des cravates de taffetas dont ils doivent être garnis, ſeront & demeureront aux frais des Colonels, ainſi qu'il a été précédemment ordonné.

ARTICLE 13.

Des Faux-frais dans les Régimens.

LA dépenſe du papier pour écrire, de l'encre, des plumes; livrets de Fourriers, Secrétaires ou Écrivains;

ports de lettres, & des autres objets relatifs à l'ordre de la comptabilité & de la correspondance, sera & demeurera fixée à la somme de dix livres par mois, par bataillon, dont moitié sera acquittée par le produit de la masse des cinq livres, & l'autre moitié sur le produit de la solde, demi-solde & masse de retenue pour l'entretien du Soldat, conformément à l'Ordonnance du 20 mars 1764: le surplus de la dépense sera & demeurera à la charge des Majors.

ARTICLE 14.

De la Tenue dans les Corps.

L'UNIFORMITÉ dans l'arrangement des objets de l'habillement & de l'équipement du Soldat, doit être réunie à la grande propreté & au meilleur entretien de toutes les parties qui les composent. Les Officiers & les bas Officiers veilleront pour cet effet à l'exactitude des détails qui seront ci-après ordonnés; ils seront responsables de l'exécution, & s'y conformeront personnellement avec la plus scrupuleuse précision.

Il sera défendu de cirer les moustaches, & d'y mettre aucune drogue ou matière graisseuse: l'usage en est mal propre, & occasionne souvent des élevures, des boutons incommodes & des dartres.

Les cheveux ne seront plus liés en catogan ou en tresse: cette méthode est nuisible à la propreté; & l'inégalité qu'elle produit, contrarie l'uniformité de la tenue. Les cheveux seront liés en queue par un ruban de fil qui en sera la première couverture; elle sera recouverte par un ruban de laine noire, qu'on aura eu l'attention de laver & de frotter, pour qu'il ne crasse pas les habits. La queue aura douze à quatorze pouces de long: les cheveux des Soldats seront coupés courts dessus la tête; ceux des faces seront arrangés pour former une seule boucle assujettie par une lanière de

2. Septembre 1775.

plomb; les boucles feront bien également faites, & defcendront à quatre lignes au-deffus du bout de l'oreille.

Les cheveux feront bien poudrés également, les jours de fervice & de parade feulement.

Le Soldat aura le vifage bien net, ainfi que les oreilles, & la poudre en fera entièrement ôtée.

Le chapeau fera enfoncé fur le fourcil droit, la corne du devant placée au-deffus du fourcil gauche, qui fera découvert de l'épaiffeur d'un pouce; il fera bien battu, nettoyé & toujours tenu dans la même retapure, fans y faire aucune efpèce de changement; le bord fera très-blanc.

Le col fera bien uni, fans être trop ferré; il fera tenu remonté le plus poffible, & couvrira entièrement le col de la chemife; il fera attaché avec une agraffe de cuivre jaune, unie, en façon de plaque; le rabat du col fera bien blanc.

On crochetera les deux premiers crochets du devant de l'habit; les manches en feront tirées affez bas, pour qu'on ne voie pas le poignet de la chemife.

La vefte fera boutonnée dans toute fa longueur, & bien tirée en bas, pour qu'elle embraffe parfaitement les hanches.

Les veftes des Caporaux & Soldats auront des petits collets & paremens; les Caporaux, Appointés & Soldats parvenus à la claffe de chevrons, porteront auffi les diftinctions de leurs grades ou de l'ancienneté de leurs fervices, fur les manches de leur vefte.

On remontera le plus poffible la culotte, dont la ceinture fera affujettie au-deffous de la hanche, au moyen d'une boucle; la culotte fera également contenue au-deffous du genou par une petite boucle: toutes les parties de l'habillement feront bien battues & vergetées, ſans qu'il y reſte la moindre pouſſière; la plus petite tache ſera enlevée, & les boutons ſeront parfaitement éclaircis.

La guêtre enveloppera bien le coude-pied & le talon, juſqu'à celui du ſoulier, dont la boucle ſera entièrement couverte; elle ſe boutonnera bien droit, & on la tirera également de par-tout, à meſure qu'on la boutonnera; les jarretières en ſeront ſupprimées.

On placera le ceinturon ſur la hanche, de façon qu'il ne ſoit pas trop ſerré, & que cependant il ne baille point; il faut qu'il contienne bien la veſte & l'empêche de remonter, ſans lui faire faire aucun pli; la plaque du ceinturon couvrira le dernier bouton de la veſte, au milieu de la ceinture.

Les armes ſeront bien nettes, ſans être polies; la bretelle de fuſil ſera plaquée & ſerrée contre l'arme, la demi-boucle à la hauteur de la capucine; les vis & les écrous ſeront tenus en bon état, les pierres bien placées & contenues entre deux plombs; elles chaſſeront bien la batterie, les coins ſeront caſſés pour ne pas gâter le canon ni bleſſer le Soldat.

Toute la buffleterie ſera parfaitement blanchie, & les parties en cuivre ſeront bien éclaircies; la giberne ſera bien également cirée, même ſur les côtés, & placée à trente-quatre pouces & demi de terre, meſurée du haut de la plaque en bas; les fourreaux de ſabres des bas Officiers & Grenadiers, ſeront également cirés.

Les manchettes de chemiſes des Fourriers & Sergens, ſeront telles qu'il a été réglé par la diſpoſition de l'article 8.

Les chemiſes des Caporaux, Appointés, Grenadiers, Fuſiliers & Tambours, ſeront ſans manchettes, ainſi qu'il a été réglé par le même article 8.

Les

2. Septembre 1775

Les manches feront affez longues pour que le poignet de la chemife foit à la même hauteur que le bas du parement de l'habit, ainfi qu'il a été précédemment expliqué.

Le talon des fouliers aura un pouce de haut pour les bas Officiers & Soldats des premier & troifième rangs, & quinze lignes pour ceux du fecond rang; perfonne ne portera des efcarpins fous les armes.

Les bonnets de police, dont il fera envoyé un modèle aux régimens, feront faits en forme de pokalem, ils auront fur le devant une plaque en drap, bordé de la couleur tranchante de la diftinction de l'uniforme, & une fleur-de-lys de même couleur au milieu de ladite plaque; le tour du bonnet pourra fe rabattre pour couvrir les oreilles du Soldat dans les temps froids & pluvieux, & s'attachera par des crochets & agraffes fous le menton.

On ne pourra exiger du Soldat d'être poudré, qu'autant qu'il fera fous les armes avec les drapeaux, ou de fervice, à moins qu'il n'en foit ordonné autrement par rapport aux mauvais temps; mais tous les autres détails de la tenue de fon ajuftement, feront obfervés & remplis avec la plus grande exactitude dans tous les momens.

Aucun Soldat ne pourra fortir du quartier, fans s'être préfenté au bas Officier de jour, pour qu'il juge s'il eft arrangé de façon à pouvoir paroître; & fi, malgré cette précaution, il s'en trouvoit quelqu'un dans les rues qui ne fût pas dans la propreté ordonnée, il eft prefcrit à tout Officier & bas Officier qui le rencontrera, de le renvoyer fur le champ au quartier, de prendre le nom de l'homme & de fa compagnie, pour que le bas Officier qui a dû l'infpecter en foit refponfable.

Le Soldat fortant de deffous les armes, qui s'apercevra qu'il y a quelque réparation à faire dans la tenue de ſon habillement, équipement ou armement, devra s'en occuper ſur le champ, afin d'être toujours en état de paroître d'un moment à l'autre dans l'arrangement & la propreté preſcrites.

Quoiqu'il ne ſoit pas ordonné que le Soldat ſoit poudré dans les marches, il n'eſt pas moins eſſentiel qu'il ſoit bien peigné, parfaitement arrangé, & qu'on lui faſſe obſerver tous les détails de la propreté & de la netteté, bien plus intéreſſans à ſa ſanté dans les routes, qu'ils ne le ſont en garniſon.

ARTICLE 15.

Des moyens qui ſeront obſervés pour la propreté de l'Habillement, de l'Équipement & de l'Armement du Soldat.

ÉTANT auſſi néceſſaire de ne point dégrader ni uſer, par la forme de l'entretien, les parties de l'armement, habillement & équipement du Soldat, que de les conſerver toujours dans le meilleur état pour l'utilité, la propreté & la tenue; il eſt expreſſément défendu d'uſer d'aucune méthode ou de faire des réparations qui pourroient nuire & diminuer la qualité des armes, de la buffleterie & de l'habillement.

Les armes ne ſeront jamais polies ni frottées avec aucun inſtrument ou matière qui puiſſent diminuer l'épaiſſeur du canon, de la platine, des vis & des reſſorts intérieurs; on ſe bornera à les entretenir perpétuellement dans le meilleur état de propreté, en ne laiſſant jamais incruſter la rouille, de manière qu'il fallut un frottement trop fort pour l'enlever.

Avec une attention ſuivie, on parviendra à détruire la craſſe du moment, ſeulement avec de la cendre bien tamiſée pour les parties extérieures, & de l'huile au bout d'une plume pour les vis, reſſorts & l'intérieur de la platine.

Lorsque la buffleterie aura besoin d'être blanchie, on la lavera avec de l'eau claire, dans laquelle on trempera une vergette qu'on passera plusieurs fois sur la buffleterie jusqu'à ce qu'elle soit entièrement décrassée; on la laissera sécher d'elle-même, sans être tirée ni assujettie, & sans le secours du soleil ni du feu; on aura ensuite du blanc de ceruse détrempé au moins pendant vingt-quatre heures dans de l'eau bien propre, afin d'en ôter toute l'âcreté & le mordant; on imbibera un pinceau de cette eau, & on en passera également le nombre de couches qui seront nécessaires sur tout l'extérieur de la buffleterie: on aura l'attention de laisser sécher chaque couche successivement à l'ombre, de brosser la première légèrement avec une vergette pour éviter que le blanc ne tombe sur les habits & ne les gâte; & on observera de proportionner la dose de blanc à la quantité de l'eau, pour que la teinture ne soit ni trop liquide ni trop épaisse.

Toute espèce de colle, qui entreroit dans cette composition, étant très-préjudiciable à la durée de la buffleterie, sera supprimée & l'usage absolument défendu, de même que celui de calendrer & de rendre la buffleterie reluisante. On ne renouvellera le cirage des gibernes que le moins souvent qu'il sera possible, pour que le cuir n'en soit pas desséché, & on aura attention d'unir la cire avec une polissoire de buis à force de bras.

Toutes les parties en métal d'étain, de cuivre, boutons, boucles, plaques de gibernes & de ceinturons, seront nettoyées & entretenues avec du blanc d'Espagne délayé, dont il sera formé une pâte liquide avec laquelle on brossera les objets qui auront besoin d'être éclaircis, & pour que cet entretien ne nuise pas aux habits & aux vestes, on enchâssera les boutons dans un morceau de bois fait exprès, qui couvrira l'étoffe d'environ trois pouces, & donnera le moyen de les frotter ſans inconvénient.

Les parties de l'habillement ſeront battues avec des fouets de peau à pluſieurs pendans; cette méthode qui conſerve & ménage davantage les étoffes de laine, & qui en enlève mieux la pouſſière, ſera préférée à l'uſage des houſſines & des gaules dont on ſe ſert.

On remédiera ſur le champ à toutes les taches qui ſeront aperçues, & qui pourroient ſe faire aux habits, veſtes & culottes, ſoit avec du ſavon, ſoit avec de la pierre à détacher employée avec de l'eau très-propre qu'on laiſſera ſécher naturellement ſur la tache, & qu'on enlèvera enſuite, en frottant légèrement l'étoffe contre elle-même.

Il ſera expreſſément défendu de laver entièrement les habits dans aucune circonſtance que ce puiſſe être, l'entretien du moment étant le ſeul militaire, & celui qui ne dégrade point.

Il ſera donné à la fin du préſent Règlement, la deſcription de la manière de teindre les vieilles guêtres blanches en noir. *Voyez le N.° 12.*

ARTICLE 16.

De l'attention particulière des Officiers & des bas Officiers, pour l'entretien & la conſervation de l'habillement, équipement & armement de leur compagnie.

LE Capitaine étant le chef réel de ſa compagnie, ſera uniquement reſponſable de l'exécution de tout ce qui eſt preſcrit, tant pour veiller perſonnellement à ſon exécution, que pour le faire obſerver à tout ce qui lui eſt ſubordonné.

L'Officier de ſemaine, dans la viſite des chambres qu'il

2. Septembre 1775

qu'il doit faire chaque jour, vérifiera avec la plus grande attention, l'état & ſituation de tout l'habillement, équipement & armement; s'il y trouvoit quelque réparation qui eût été négligée, il en rendra compte au Capitaine, qui en ordonnera l'exécution aux dépens de qui il appartiendra, ainſi qu'il ſera ci-après expliqué.

L'attention des bas Officiers, doit être perpétuelle ſur cet objet; indépendamment des inſpections preſcrites, le Chef d'ordinaire viſitera chaque Soldat lorſqu'il rentrera pour manger la ſoupe, afin de juger s'il n'a pas fait de dégradation à ſon ajuſtement, & il ne lui permettra de reſſortir, qu'autant qu'elle ſera entièrement réparée.

On obſervera la même attention après l'appel du ſoir, où chaque bas Officier preſcrira à ſa ſubdiviſion ce qui lui ſera néceſſaire pour rétablir le plus parfaitement poſſible les dégradations de la journée, & il ne ſera permis auxdits Soldats de quitter la chambre le lendemain, qu'autant qu'ils auront rempli l'objet ordonné.

Les Capitaines feront tous les 1.er, 11 & 21 de chaque mois, l'inſpection totale de leur compagnie; ils en viſiteront toutes les parties d'armement, d'habillement, d'équipement, & les nippes du Soldat; ils ne ſouffriront rien de médiocrement réparé ou entretenu, & qui ne ſoit exactement conforme à l'uniformité preſcrite pour chaque partie; ils auront la plus grande attention à ce que chaque Soldat n'ait rien de plus ni de moins, en qualité & en quantité, de ce qui lui a été réglé pour ſon entretien.

Lorſqu'une Troupe devra prendre les armes, ou que les Soldats devront être de quelque ſervice, on apportera la plus grande attention pour ſatisfaire avec exactitude aux inſpections preſcrites par les Ordonnances; & le Chef de la diviſion ſera reſponſable vis-à-vis de celui auquel il est subordonné, de la moindre négligence ou tolérance sur la plus légère imperfection.

Tout Officier, après avoir exercé avec sa troupe, en fera très-exactement l'inspection, & ordonnera la réparation des objets de tenue d'habillement & armement qui auroient pu être dégradés.

Les bas Officiers des subdivisions, inspecteront également les Soldats qui descendent la garde, & seront responsables des réparations qu'ils auront dû ordonner.

De plus grands soins étant encore plus utiles & plus nécessaires en route, pour la conservation de toutes les parties d'habillement, équipement & armement du Soldat, les Officiers & bas Officiers redoubleront d'attention à cet égard.

Le Commandant de chaque compagnie, avant de faire entrer sa troupe dans ses logemens, en fera l'inspection exacte, & ordonnera les réparations nécessaires.

Le Lieutenant ou le Sous-lieutenant, fera alternativement, le soir, au moment de l'appel, une nouvelle inspection; pour vérifier si les ordres du Capitaine ont été exactement suivis, il rendra responsable de la moindre négligence ou défaut d'exécution, d'abord le Fourrier, & ensuite les bas Officiers des subdivisions.

Le Commandant du corps fera chaque matin des jours de séjour, l'inspection générale du régiment; il s'en prendra au Chef de la compagnie, si l'entretien & la tenue du Soldat ne sont pas parfaitement en règle.

Les réparations qui auront été ordonnées à cette inspection, seront faites dans la journée.

Les Aides-majors & Sous-aides-majors feront tous les jours une tournée de leur bataillon, pour s'assurer si chacun travaille à remédier aux dégradations occasionnées par la marche.

L'arrangement des différentes parties de l'habillement dans les chambres, contribuant beaucoup à leur conservation, & donnant le moyen aux Officiers & bas Officiers de les visiter avec facilité, on observera le plus grand ordre à cet égard.

Tous les havre-sacs remplis des nippes de chaque Soldat, seront placés au-dessus de leurs lits, ainsi que la giberne & le ceinturon; le tout pendu à des crochets placés à la même hauteur.

Les habits seront arrangés sur des perches, la doublure en dehors, le chapeau attaché à la même perche, & couvert ainsi que la giberne; le nom de chaque Soldat sera écrit sur ce qui lui appartient.

Les armes seront à un ratelier, le bassinet ouvert & le chien baissé; chacune aura une carte avec le nom du Soldat auquel elle appartient.

ARTICLE 17.

De l'ordre & des précautions qui seront observées pour la confection de l'habillement neuf, & des réparations du vieux.

INDÉPENDAMMENT de ce que les Capitaines seront toujours chargés & responsables de la manière dont leurs compagnies seront habillées, réparées & entretenues, il y aura dans chaque régiment un Capitaine qui sera particulièrement chargé de tout le détail de l'habillement; il aura sous lui le Quartier-maître, pour le seconder & exécuter ses ordres.

Les Soldats qui devront être habillés de neuf, auront été désignés d'avance chaque année, & on leur prendra mesure en présence du Commandant de la compagnie

& du Capitaine chargé de l'habillement; on observera pour les semestriers qui devront être habillés, la même regle avant leur départ.

Dès que les fournitures pour l'habillement neuf seront arrivées & reçues, on travaillera à les faire mettre en œuvre. Le Capitaine chargé de l'habillement, donnera la plus grande attention pour que chaque partie soit exécutée dans les proportions prescrites, & veillera de même à l'économie des Tailleurs, sur la coupe, à l'utilité de l'emploi de chaque objet, & à la solidité des coutures; les Officiers des compagnies donneront également leurs soins à ces différens détails.

À mesure qu'un habillement neuf sera fini, on le fera essayer au Soldat auquel il est destiné; & dans le cas où il ne seroit pas parfaitement bien fait, la réparation en sera ordonnée aux dépens du maître Tailleur.

Aussitôt que la totalité de l'habillement neuf sera achevée, on commencera les vieilles réparations; chaque Capitaine rassemblera sa compagnie, & de concert avec celui chargé de l'habillement, le maître Tailleur présent, ils examineront avec attention toutes les réparations nécessaires; le Fourrier les écrira à mesure & nominativement, dans l'ordre du détail donné pour exemple par l'état *N.° 3*.

Les réparations ainsi constatées, on donnera une copie de l'état où elles seront prescrites, signé du Commandant de la compagnie & du Capitaine chargé de l'habillement au maître Tailleur, afin qu'il fasse exécuter ce qui aura été réglé pour chaque Soldat.

Le Capitaine chargé de l'habillement, conservera un double dudit état, d'après lequel il fera délivrer au Fourrier les doublures, toiles, fils, boutons, paremens, &c. nécessaires pour la réparation de la compagnie.

Aucun

2. septembre 1775.

Aucun habit ne pourra être retourné qu'à sa dernière année de service.

Le Commandant de la compagnie, gardera pardevers lui l'état que le Fourrier aura rempli à sa revue, pour constater, lorsqu'on lui présentera les hommes réparés, si tous les objets prescrits ont été bien remplis & exécutés.

Pour que les réparations se fassent plus promptement, & que les Officiers des compagnies puissent plus particulièrement veiller à leur exécution, on subdivisera le nombre des Tailleurs par deux compagnies, dont les réparations se feront en commun & par ateliers séparés; le plus intelligent des Ouvriers sera nommé *chef d'atelier*, dirigera entièrement l'ouvrage & en sera responsable vis-à-vis du maître Tailleur, qui cependant n'en répondra pas moins au Capitaine chargé de l'habillement.

Les bas Officiers des deux compagnies, fourniront tous les jours un planton pour contenir les Ouvriers & veiller à l'utilité de leur travail.

Les Fourriers seront particulièrement responsables du bon emploi des fournitures qui leur auront été délivrées par le Capitaine chargé de l'habillement.

Lorsqu'un Soldat sera entièrement réparé, le Fourrier le présentera au Commandant de la compagnie qui, après avoir vérifié & examiné ladite réparation, l'acceptera, s'il la juge bien faite, ou la renverra au Capitaine chargé de l'habillement, avec le motif de son refus.

Dans le cas où les défauts de la réparation, pourroient être attribués à la négligence du Fourrier, au manque d'attention du maître Tailleur ou à l'inexactitude de l'Ouvrier, elle sera rectifiée aux dépens de celui qui aura été reconnu en faute.

Après que la compagnie aura été parfaitement réparée, celui qui la commande, donnera au Capitaine chargé de l'habillement, son reçu au bas de l'état des réparations réglées à leur revue; le Capitaine chargé de l'habillement, joindra cet état particulier au compte général qu'il devra remettre au Major à la fin de toutes les vieilles réparations; ce compte sera sommaire par compagnie, & dressé conformément au modèle, *n.° 4.*

Le Commandant du Corps fera l'inspection totale des réparations, lorsqu'elles seront entièrement achevées, & vérifiera, d'après l'état que chaque Capitaine lui aura remis des fournitures employées pour sa compagnie, l'exactitude & l'utilité de l'exécution.

Après cette dernière vérification, le Capitaine chargé de l'habillement, remettra en magasin tout ce qui lui restera en drap, doublures, fils, boutons &c. & n'entretiendra plus d'ouvriers, les petites réparations journalières devant se faire dans l'intérieur des compagnies par le Soldat lui-même lorsqu'elles en seront susceptibles, ou par un Ouvrier de la même compagnie, & dans la chambre sous la direction du Fourrier.

On contractera une attention habituelle pour entretenir l'habillement dans le meilleur état, sans différer la plus petite réparation, afin d'éviter des dégradations qui seroient nécessairement plus considérables par les retards.

Toutes les fois qu'il y aura une réparation à faire à l'habillement d'un Soldat, qui ne pourra être exécutée sans le secours du magasin & dans la minute par les soins du Fourrier, le bas Officier la présentera d'abord au Commandant de sa compagnie, qui lui donnera un billet pour autoriser ladite réparation, & le conduira ensuite le Soldat chez le Capitaine chargé de l'habillement, qui, plus en état de juger des petits détails d'entretien, & des moyens d'y fournir, examinera la réparation à faire, & sur le billet de l'approbation du Commandant de la compagnie, qui lui sera remis par le Fourrier, il fera délivrer les objets convenables à la réparation, dont le maître Tailleur dirigera l'exécution qui sera faite par un ouvrier de la même compagnie; aussitôt que la réparation sera achevée, le Fourrier représentera le Soldat au Commandant de sa compagnie & au Capitaine chargé de l'habillement, afin qu'on ne souffre jamais aucun travail médiocre. Si la dégradation étoit occasionnée par la négligence des bas Officiers à la faire réparer sur le champ, ou par la mal-adresse du Soldat, le Chef de la compagnie, après avoir vérifié de qui vient la faute, désignera sur son billet d'autorisation, le nom de celui aux dépens duquel la réparation devra être faite; toutes celles qui dans les vingt-quatre heures ne seront pas présentées au Capitaine chargé de l'habillement, seront exécutées aux dépens du Fourrier; les Soldats sémestriers seront inspectés avant leur départ par le Commandant de leur compagnie & par le Capitaine chargé de l'habillement, ils constateront l'un & l'autre l'état & la qualité des vêtemens de chaque Soldat, & ils en conserveront une note particulière; les mêmes Soldats, à leur retour au Corps, seront présentés aux mêmes Capitaines, pour qu'ils puissent juger de l'état dans lequel ils reviennent, du soin qu'ils ont pris de leur habillement pendant leur absence, & ordonner les réparations nécessaires.

Les réparations journalières de la buffleterie & des gibernes, seront exécutées à mesure du besoin, dans l'intérieur des compagnies; mais afin de prévenir les dégradations que le Soldat pourroit faire, s'il n'étoit pas surveillé & dirigé dans lesdites réparations, il avertira son Fourrier, du moindre travail qu'il auroit à faire, pour qu'il juge de la néceſſité, & qu'il la faſſe exécuter ſous ſes yeux, ou ceux de quelque bas Officier.

Lorſque la réparation ſera trop conſidérable pour être faite par le Soldat, elle ſera préſentée au Commandant de la compagnie, qui donnera ſon billet pour autoriſer l'exécution par l'ouvrier du régiment ou de la garniſon, entendu dans cette partie, avec lequel il aura été fait d'avance un marché, pour fixer les différens prix relatifs aux objets de réparations importantes dont les gibernes & la buffleterie peuvent être ſuſceptibles.

Il ſera réſervé dans les réparations générales, huit vieux habits par compagnie, qui ſerviront uniquement aux Soldats de garde pendant l'hiver & les mauvais jours des autres ſaiſons: ces habits ſeront choiſis dans la claſſe des moins bons, mais ils ſeront entretenus de façon qu'ils ſoient honnêtes & jamais déguenillés.

Les Fourriers rendront aux Aides-major de leur bataillon, un compte journalier de tous les objets de tenue, & des détails des réparations de leur compagnie, armement, habillement ou équipement: les Aides-major en informeront le Major, qui devra en être également inſtruit par les Capitaines.

L'adminiſtration de la Maſſe des cinq livres par homme, affectée à la dépenſe du menu entretien & des réparations journalières, exigeant l'économie & l'attention la plus ſcrupuleuſe, pour que le produit ſoit ſuffiſant aux dépenſes dont elle eſt chargée, les Officiers auront le plus grand ſoin de prévenir, autant qu'il ſera poſſible la néceſſité des dépenſes trop conſidérables, & de conſerver non-ſeulement la balance entre la recette & la dépenſe, mais encore des réſerves pour ſubvenir aux néceſſités imprévues & forcées; pour cet effet, le Capitaine de chaque compagnie, devra tenir un état du produit de ladite Maſſe, & un détail de la

dépenſe

dépense pour chaque objet de l'entretien & des réparations de sa troupe.

Les Tailleurs ne seront jamais payés pour l'habillement neuf, que d'après le certificat du Capitaine chargé de l'habillement; & pour les réparations du vieux, que sur la représentation de l'état désigné par le modèle *N.° 3*, signé du Commandant de la compagnie, & par lui approuvé.

L'Ouvrier chargé des grandes réparations de la buffleterie & des gibernes, ne recevra également son payement que d'après le certificat du Commandant de chaque compagnie; & dans aucun cas, le Major ne fera donner par forme d'à-compte, aucun argent pour ces différens objets.

Les Tailleurs ne seront payés qu'à la fin de toutes les réparations, les autres Ouvriers le seront tous les premier du mois, & toujours par l'Officier chargé de la Caisse, d'après les ordres du Major donnés sur les titres qui ont été précédemment prescrits; aucun billet de Fourrier ne sera jamais reçu, qu'autant qu'il sera visé par son Capitaine ou celui qui le représente.

ARTICLE 18.

Du petit Équipement dont chaque Soldat sera pourvu.

CHAQUE Soldat aura trois bonnes chemises, deux paires de culottes, deux paires de souliers, dont une neuve; une paire de guêtres de toile blanche, une paire de toile noircie, une paire de guêtres d'étoffe de laine grise, deux mouchoirs, deux paires de bas, deux cols de crin, quatre rabats de toile blanche, une agraffe de col, une paire de boucles de souliers, deux paires de boucles de jarretières de culottes & de guêtres, un ruban de queue, moitié fil & moitié laine; un sac à poudre & sa houpe, un peigne à retaper, un peigne à décrasser, des plombs pour les boucles des cheveux, une brosse pour l'habit & chapeau, deux brosses pour les souliers, une petite brosse pour nettoyer le cuivre, un pinceau pour blanchir la buffleterie, un dé à coudre, du fil, des aiguilles, un tire-bouton, un tire-bourre, une épinglette, un tourne-vis, des morceaux de vieux drap pour frotter les taches de son habit, & du vieux linge pour nettoyer son arme.

Il y aura dans chaque escouade, deux fouets de peau à plusieurs pendans pour battre les habits, ainsi qu'il a été prescrit à l'article 15, deux chevalets pour enchâsser les boutons quand on veut les nettoyer, deux pots à blanc pour blanchir la buffleterie, deux porte-goupilles, deux monte-ressorts & deux polissoirs de gibernes.

Les Officiers de l'État-major devant veiller sans cesse à tout ce qui peut contribuer à l'avantage & au bien-être du Soldat, auront attention de faire former dans les garnisons, des magasins de tous les objets qui pourront procurer à son entretien, de l'économie sur les prix, & de l'utilité sur les qualités; mais cette attention ne portera que sur ceux que la province où ils seront ne pourroient fournir de la première main & de la meilleure espèce, & les approvisionnemens de chacun n'excéderont jamais la quantité qui devra être consommée dans l'espace de six mois.

ARTICLE 19.

De l'ordre & des moyens à observer pour la réparation des Armes.

L'UTILITÉ & l'importance que les armes soient toujours dans le meilleur état, & la nécessité d'apporter à leur entretien les soins les plus suivis & les plus économiques, exigent que les dispositions ci-après soient exécutées avec autant d'exactitude que d'uniformité dans tous les régimens.

Il y aura à l'avenir dans chaque Corps, un maître Armurier en titre; il sera engagé uniquement comme Armurier, & pour le plus long temps qu'il sera possible, sans cependant être assujetti à l'engager pour le congé de huit ans: il sera payé sur les fonds de la petite Masse de cinq livres par homme.

Ce maître Armurier tirera directement des Manufactures, toutes les pièces nécessaires à l'entretien journalier des armes; il aura toujours un approvisionnement assez considérable de chacune, pour ne jamais manquer; & dans le cas où les Corps viendront à changer de garnison, ils se chargeront de transporter ledit approvisionnement.

Le prix de chaque pièce sera fixé uniformément à raison de ce qu'elle coûtera dans les Manufactures, & il sera également réglé un tarif pour le salaire de les ajuster & mettre en place.

On donnera sous le *N.° 5*, un état estimatif du prix que chaque pièce devra être payée au maître Armurier, ainsi que de sa main-d'œuvre & salaire, & la formule du marché à passer entre le Corps & ledit Armurier. Indépendamment de l'attention suivie que les Officiers des compagnies doivent porter à l'entretien des armes de leur troupe, dont ils sont personnellement responsables; il y aura un Porte-drapeau par bataillon, qui sera chargé particulièrement des soins, de l'exactitude & de la réparation des armes dudit bataillon.

Dès qu'il y aura la plus légère réparation à faire à une arme, le Soldat, à qui elle appartient, la présentera aussitôt à son Caporal; celui-ci la fera voir tout de suite au Sergent de sa subdivision, lequel vérifiera la nécessité ainsi que le principe de la dégradation:

il en rendra compte au Fourrier, qui conduira le Soldat chez le Commandant de la compagnie qui, après avoir examiné l'utilité de la réparation & le motif de son objet, remettra au Fourrier un *Bon* marqué en tête du nom de la compagnie, de celui du Soldat, de l'énoncé de la réparation à faire, & de la date du jour; il sera aussi expliqué sur le même *Bon*, aux frais de qui le Commandant de la compagnie aura décidé que la réparation devra se faire, c'est-à-dire, au compte du Soldat pour peu qu'il y ait de sa faute par négligence ou mal-adresse, ou à la charge de la Masse, si le Soldat n'est nullement coupable. Le Fourrier, muni du *Bon* du Chef de la compagnie, conduira le Soldat chez le Porte-drapeau désigné & choisi pour veiller à l'entretien des armes de son bataillon, qui écrira au dos du *Bon* (pour être exécuté par l'Armurier du Régiment), chez lequel le Fourrier conduira tout de suite le Soldat.

Aussitôt que l'arme sera réparée, elle sera rapportée au Porte-drapeau, pour qu'il juge si elle l'est parfaitement; dans le cas contraire, il la renverra à l'Armurier jusqu'à ce qu'elle soit entièrement perfectionnée, ne devant lui être passé aucune négligence dans son travail.

Lorsque la réparation ne laissera rien à desirer, le Porte-drapeau fera présenter l'arme par le Fourrier au Commandant de la compagnie, dont l'approbation par écrit, doit seule décider l'enregistrement sur le livre du Porte-drapeau, & le payement de l'Armurier.

Si le Commandant de la compagnie, ou le Porte-drapeau, s'apercevoit que le même Soldat fit souvent réparer son arme, l'un & l'autre examineront avec soin les raisons; & si elles procédoient du peu d'attention des bas Officiers qui auroient négligé d'instruire ce Soldat, lesdits

2. Septembre 1775.

lesdits bas Officiers seroient sur le champ punis, en faisant faire lesdites réparations à leurs dépens.

Toute dégradation qui n'auroit pas été présentée au Porte-drapeau dans les vingt-quatre heures, sera réparée aux dépens des Fourriers.

A la fin de chaque mois, le Porte-drapeau, dans son bataillon, arrêtera avec l'Armurier le compte du même mois; il vérifiera par son livre, s'il est juste, & dans ce cas il le signera.

Il mènera l'Armurier, le 1.er du mois, chez le Major qui mettra son *Bon* au bas de l'état, pour être acquitté par l'Officier chargé de la caisse.

Afin de juger du bon état des armes, & faire contracter au Soldat l'habitude d'en démonter & remonter toutes les parties, les Officiers de semaine, dans leur inspection des chambrées, feront très-souvent démonter des platines, en examineront avec attention tous les détails intérieurs, & ne souffriront aucune négligence ou médiocrité à leur entretien.

Il sera encore essentiel à l'entretien des armes & à l'utilité de s'en bien servir, que chaque Soldat soit instruit de la composition d'un fusil, de la subdivision de chacune de ses parties principales, de leur dénomination, de la manière de les démonter & replacer, & de tout ce qui peut lui donner l'avantage de bien juger de l'état de son arme, & la parfaite connoissance dans tous ses détails.

Pour remplir un objet aussi important, il sera nécessaire que le Commandant du régiment, fasse faire deux fois la semaine, en sa présence, ou celle d'un ancien Officier du corps, par le maître Armurier, une école de théorie pour tous les bas Officiers, jusqu'à ce qu'ils soient parfaitement instruits à cet égard; les bas Officiers formeront ensuite leurs subdivisions dans la théorie & la pratique de tous les détails.

On aura la plus grande attention à faire conserver les armes des Soldats absens, morts ou désertés : le canon du fusil dont on ne se sert pas, sera fermé avec un bouchon de liége, & la lumière avec le bout d'une plume.

Les Officiers des compagnies, seront personnellement responsables de leurs armes, & chargés de les faire transporter à la suite du régiment, lors du changement de garnison.

ARTICLE 20.

De la formation de la Masse affectée à l'entretien du linge & chaussure.

LA retenue de seize deniers sur la solde journalière de chaque Fourrier, Sergent & Tambour-major ; & de huit deniers sur celle de chaque Caporal, Appointé, Grenadier, Fusilier & Tambour ordinaire, formera, conformément aux dispositions des Ordonnances, une Masse affectée à l'entretien du linge & chaussure.

Il ne sera donné de permission ou congé au Soldat, pour aller chez lui, qu'autant que non-seulement il ne sera pas à charge à sa famille, mais qu'on sera encore assuré qu'il y trouvera des secours.

Le Soldat ne recevra pour le temps qu'il aura été absent, que deux sous par jour de sa paye ; le surplus sera remis à la Masse du linge & chaussure.

Si le Soldat ne rejoint pas à l'expiration de son congé, à moins de raisons les plus valables & les mieux prouvées, il ne recevra aucune paye de son absence, & la totalité sera réunie à la Masse du linge & chaussure.

Les familles n'ayant jamais été responsables, ni

2. Septembre 1775.

tenues d'acquitter les dettes des Soldats leurs parens morts ou désertés, ne pourront rien répéter de ce qui pourra leur être dû, soit du décompte de la Masse du linge & chaussure, soit de celle des quinze livres que chacun doit avoir en réserve à la caisse du régiment, & le produit sera réuni à la Masse générale du linge & chaussure; mais s'il doit revenir au Soldat mort de l'argent indépendant de ces deux objets, il sera très-scrupuleusement envoyé aux parens: Les Majors ou Officiers chargés du détail des Corps, tiendront leur registre en règle de ces différens objets pour en être rendu compte chaque année aux Inspecteurs lors de leur revue.

ARTICLE 21.

De l'administration de la Masse du linge & chaussure.

LE Capitaine de chaque compagnie sera entièrement chargé de la manutention de ladite Masse, & portera la plus grande attention à ce que son administration soit aussi juste qu'économique.

L'État-major conservera seulement les fonds & les fonctions d'acquitter les sommes qui seront dûes aux Marchands & Ouvriers, & le décompte du Soldat, d'après les états qui auront été arrêtés par les Commandans de chaque compagnie.

Il y aura deux livres de compte par compagnie; l'un chez le Capitaine, sur lequel il écrira exactement ce qui revient à chaque Soldat de sa compagnie, & les objets de la dépense qui aura été faite pour lui; l'autre sera entre les mains du Fourrier, pour y porter les mêmes détails: lorsqu'on arrêtera le décompte, ces deux livres devront se trouver parfaitement d'accord.

Il sera désigné un Porte-drapeau par bataillon,

auquel les Fourriers seront tenus de remettre chaque jour de prêt, la retenue de la haute-paye des Sergens, Caporaux & Appointés, & celui de la paye des Travailleurs, d'après la note qui sera signée du Capitaine ou Commandant de la compagnie.

Le produit de ces différentes remises d'argent, sera porté tous les 1.ers du mois par le Porte-drapeau, à l'Officier chargé de la caisse, qui en fera recette au compte des compagnies.

Chaque Fourrier recevra tous les matins les demandes que les Sergens & Caporaux seront dans le cas de lui faire pour les besoins des Soldats de leur subdivision; il formera un état desdites demandes, après en avoir jugé l'utilité, & le remettra tous les jours à son Capitaine, en lui rendant compte de sa compagnie.

Le Capitaine, après avoir vérifié la nécessité des remplacemens qui lui auront été demandés, mettra son autorisation au bas de l'état (pour être délivré aux Soldats), inscrira au compte de chacun l'objet qui le concerne, & jugera par lui-même, lorsqu'il aura été délivré, si la qualité en est bonne.

Il sera expressément défendu aux Fourriers, de rien délivrer à aucun Soldat sans l'ordre par écrit de son Capitaine.

Lorsqu'un Soldat de recrue sera placé dans une compagnie, l'Officier chargé de la caisse donnera au Fourrier un *Bon* de ce qui lui reste dû de son engagement; le Fourrier, ainsi que le Capitaine, en feront chacun recette sur leur livre de décompte; le Capitaine règlera ensuite les achats nécessaires pour son équipement.

Dès qu'un homme sera mort, ou aura déserté, le Fourrier arrêtera son compte, & le Commandant de la la compagnie, après en avoir fait la vérification, le signera; il sera porté à l'Officier chargé de la caisse, avec l'état détaillé des effets personnels que l'homme aura laissé & qui seront vendus à l'enchère, pour être le produit réuni à la Masse du linge & chaussure.

Lorsqu'un régiment arrivera dans une garnison, le Quartier-maître, tous les Fourriers & un Caporal par compagnie, s'assureront, parmi tous les Marchands, les deux qui seront les mieux pourvus & qui fourniront la marchandise de la meilleure qualité, au prix le moins cher; on fixera le prix & la qualité de chaque objet, le Quartier-maître donnera l'état de ces prix à l'État-major, & chaque Fourrier à son Capitaine, qui le fera communiquer aux Soldats de sa compagnie. On usera des mêmes précautions pour le choix des Cordonniers, s'il n'y en a pas dans les régimens en état de bien travailler ou en assez grand nombre, parce qu'il est nécessaire qu'il y en ait au moins deux par bataillon; on passera avec eux une police pour le prix, la qualité du cuir & la forme du soulier.

Les Capitaines remettront leur signature aux Marchands & Cordonniers, en leur défendant de rien livrer à leurs Fourriers ou autres, sans leur ordre par écrit.

Le dernier de chaque mois, les Commandans des compagnies enverront à l'Officier chargé de la caisse, une note de tous les mandats qu'ils auront donné nominativement pendant le mois, & feront avertir les Marchands & Cordonniers d'aller le lendemain recevoir leur payement chez ledit Officier chargé de la caisse, en lui remettant tous les mandats dont ils doivent être pourvus, conformément à la note remise par les Commandans de compagnies; ledit Officier, en payant, aura l'attention de faire quittancer ladite note pour solde & quittances de toutes fournitures, jusqu'au jour premier de chaque mois, & les conservera pendant l'espace d'un an, pour se garantir des répétitions desdits Fournisseurs & Ouvriers, à peine d'en être personnellement responsable.

Lorsqu'une compagnie, dans l'intervalle d'un décompte à l'autre, aura besoin d'argent, l'Officier chargé de la caisse n'en délivrera jamais que sur la demande par écrit du Capitaine.

L'arrêté du compte des Soldats se fera tous les quatre mois, dans le plus grand détail, chez le Commandant de la compagnie, qui lira à chaque homme les articles de recette & dépense de son compte.

Le Capitaine déduira d'abord la Masse de quinze livres que chaque Soldat doit former, & lui donnera la note de l'argent qui lui reste à recevoir en sus de cette Masse, au payement du décompte.

Le Fourrier formera l'état, conformément au modèle donné sous le *N.° 6*, de tous les objets que l'État-major doit payer pour le décompte de la compagnie; cet état sera remis signé du Commandant de ladite compagnie, à l'Officier chargé de la caisse, qui, par la vérification des différentes feuilles des compagnies sur l'enregistrement qu'il en aura dû faire, fera note des erreurs qu'il auroit pu trouver.

Le décompte se fera & se payera aux Commandans des compagnies, tous les 1.ers des mois de Janvier, Mai & Septembre de chaque année, chez le Commandant du régiment à l'heure qu'il aura indiquée.

Les Capitaines remettront audit Commandant, un état de la situation du linge & chaussure, de la Masse de quinze livres & de l'emploi du décompte dans la forme du *N.° 7*, d'après lequel l'Officier chargé de la caisse leur donnera ce qui reste dû à leur compagnie, & ils le délivreront chez eux le même jour aux bas

Officiers & Soldats, auxquels il reviendra quelque décompte, après avoir fait la distraction de tout ce qui pourra leur avoir été délivré en effets, dont le prix aura dû être acquitté d'avance.

Le premier Dimanche qui suivra le décompte, le Commandant du régiment fera la revue du menu entretien, & vérifiera, d'après la feuille conforme au modèle *N.° 7*, le bon état des compagnies à cet égard.

ARTICLE 22.

De l'ordre qui sera observé pour la tenue de la Caisse par l'Officier qui en sera chargé.

L'OFFICIER chargé de la caisse, fera tous les deux mois, d'après le bordereau-sommaire de la subsistance payée par le Trésorier des Troupes, l'état de ce qui reste en caisse, appartenant à chaque compagnie pour le linge & chaussure & solde des congés dans la forme de l'état donné pour modèle *N.° 8*.

Il fera aussi tous les quatre mois le décompte aux compagnies, d'après l'enregistrement journalier des objets de recette & dépense de chaque compagnie, dans la forme du modèle *N.° 9*.

Ledit Officier dressera au 1.er Mai, l'état général des recettes & dépenses sur la Masse du linge & chaussure, conformément au Modèle *N.° 10*, ledit état sera sommaire pour la dépense par compagnie, le Capitaine en remettra un détaillé à l'Inspecteur, où tous les objets délivrés à chaque Soldat seront inscrits. Quant au détail de la petite Masse de cinq livres par homme, l'Officier chargé de la caisse, formera son état de dépense pour rendre compte à l'Inspecteur; cet état devra être fait d'après celui qui aura été remis par le Capitaine chargé de l'habillement, à la fin de la réparation des vieux effets, & il sera dans l'ordre du Modèle *N.° 11.*

ARTICLE 23.

Des moyens qui seront employés pour former une petite Masse particulière, capable de fournir aux frais de la propreté & de la tenue du Soldat.

LA paye du Soldat étant absolument nécessaire à sa subsistance, il n'est pas moins essentiel qu'il est juste, de lui procurer des ressources pour qu'il n'en soit jamais rien retranché sous tel prétexte que ce puisse être.

Les frais nécessaires à l'entretien de la tenue du Soldat ayant été dans la plupart des régimens prélevés sur sa solde, il convient, pour remédier à cet abus, de déterminer des moyens qui assurent une petite Masse de propreté, capable de remplir uniformément dans tous les corps l'objet de cette dépense.

Pour cet effet, chaque Travailleur donnera un sou par jour de son gain, au profit de la Masse de propreté; il payera en outre une somme de cinq livres dix sous par mois pour faire faire son service; de cette somme, quatre livres seront données au Soldat qui montera sa garde, & trente sous seront réunis à la Masse de propreté.

Les Soldats qui s'absenteront par petits congés, payeront également cinq livres dix sous pour leur service, dont la répartition sera faite, ainsi qu'il a été prescrit par la disposition précédente.

Cette Masse sera administrée par un Porte-drapeau de chaque bataillon, sous l'autorité des Capitaines; ce Porte-drapeau tiendra un registre par compagnie, de la recette & de la dépense de ladite Masse, dont les

Fourriers

Fourriers lui rendront compte tous les Dimanches au matin ; le rapport qui sera remis chaque jour au Commandant du régiment, contiendra le nombre des Travailleurs, des absens par semestre ou petit congé, & de tous les Soldats qui font faire les services par compagnie.

Les Porte-drapeaux chargés de ladite Masse, iront tous les samedis chercher les rapports de la semaine chez le Major, pour pouvoir le lendemain constater l'exactitude & la fidélité des Fourriers ; les Porte-drapeaux remettront tous les Dimanches aux Fourriers, l'argent nécessaire pour acheter, pendant le cours de la semaine, les choses relatives à l'objet de ladite Masse.

Les Fourriers auront toujours en magasin, un petit approvisionnement de savon, de cire pour les gibernes, de noir composé pour les guêtres, de la terre à détacher, du blanc de céruse, de la terre de pipe pour les parties de buffle seulement, de l'huile & de la poudre pour les cheveux.

Ils auront attention de former des approvisionnemens plus considérables, lorsque ces objets seront à meilleur marché, & d'une belle qualité; ils en feront tous les Dimanches une distribution aux Caporaux, proportionnément aux besoins de la tenue & de l'entretien de leur escouade; & ils rendront compte le lundi de chaque semaine, au Commandant de leur compagnie, de la recette & dépense de ladite Masse, pendant le cours de la semaine; ledit compte sera vérifié par les Capitaines sur le registre des Porte-drapeaux.

Les Sergens & Caporaux seront responsables aux Fourriers, & les Fourriers aux Porte-drapeaux & autres Officiers de leur compagnie, de la plus grande économie dans la manutention de ladite Masse, dont le produit devra fournir perpétuellement à la propreté des armes, à l'entretien des gibernes, des fourreaux de sabres, de la buffleterie, de toutes les parties en cuivre, & généralement à tous objets de propreté de tous les momens, excepté la poudre, qui n'étant point exigée dans d'autres occasions, ne sera fournie que dans la proportion des circonstances du service ou des exercices; le Soldat qui chaque jour voudra être poudré, en sera lui-même la dépense; & pour éviter un détail particulier de la Masse de propreté, on réunira les objets de recette & dépense de cette Masse aux détails du linge & chaussure.

ARTICLE 24.

De l'Uniforme particulier affecté à la distinction de chaque corps d'Infanterie Françoise & Étrangère.

RÉGIMENT DE PICARDIE.

HABIT & collet droit, de quinze lignes de hauteur; paremens, revers & veste de drap blanc; doublures & culotte de tricot de même couleur: la patte de la poche de l'habit en long, liférée de blanc, garnie de cinq boutons, dont trois au milieu en patte-d'oie, & un à chaque extrémité; le dessous de l'avant-bras & du parement fermé chacun par deux petits boutons, sept au revers, à distance égale, & trois gros au-dessous.

Boutons jaunes .... N.° 1.er

CHAMPAGNE.

Habit, collet droit & veste de drap blanc: paremens & revers de drap gris-argentin; doublures & culotte de tricot blanc: la patte des poches de l'habit en long, liférée de gris-argentin, & garnie de quatre boutons, dont deux plus rapprochés au milieu & un à chaque extrémité; sept petits boutons au revers, dont un détaché, & les six autres de trois en trois, trois gros au-dessous; le dessous de l'avant-bras & du parement fermé chacun par deux petits boutons.

Boutons jaunes .... N.° 2.

NAVARRE.

Habit, collet droit & veste de drap blanc; paremens & revers de drap bleu-céleste; culotte de tricot & doublures blanches: la patte de la poche carrée en écusson, liférée de bleu-céleste, garnie de trois boutons, dont un à chaque extrémité, précédé de boutonnières en biais, & une à la pointe de l'écusson; le dessous du parement & l'avant-bras fermé par quatre petits boutons, sept au revers, placés à distance égale, & trois gros au-dessous.

Boutons jaunes .... N.° 3.

PIEMONT.

Habit, collet droit & veste de drap blanc; parement & revers de panne noire; doublures blanches & culotte de tricot blanc: la patte de la poche de l'habit en travers à demi-écusson, liférée de noir, garnie de cinq boutons, dont un à chacun des quatre angles & un à la pointe du milieu; le dessous du parement & de l'avant-bras fermé par quatre petits boutons, sept au revers, à distance égale, & trois gros au-dessous.

Boutons jaunes .... N.° 4.

NORMANDIE.

Habit, collet droit & veste de drap blanc; parement & revers de panne noire; doublures & culotte blanches: patte de la poche en travers, liférée de noir, garnie de trois boutons; le dessous de l'avant-bras & du parement fermé par quatre petits boutons, sept au revers, à distance égale, & trois gros au-dessous.

Boutons blancs .... N.° 5.

LA MARINE.

Habit & collet droit, de quinze lignes de haut, & veste de drap blanc; paremens & revers de panne noire: doublures & culotte blanches: la patte des poches de l'habit en travers, liférée de noir, garnie de trois gros boutons; le dessous de l'avant-bras & du parement fermé par quatre petits boutons, ſept au revers, détachés par un, trois & trois, trois gros au-deſſous.

Boutons jaunes........................ N.° 6.

BOURBONNOIS.

Habit, parement, collet droit, revers & veſte de drap blanc; doublures & culotte de tricot de même couleur: la patte de la poche de l'habit en long, liſérée de blanc, garnie de quatre boutons, les deux du milieu plus rapprochés, & un à chaque extrémité: le deſſous du parement & de l'avant-bras fermé par quatre petits boutons, ſept au revers, dont un détaché & les ſix autres de trois en trois, trois gros au-deſſous.

Boutons jaunes........................ N.° 7.

BÉARN.

Habit, collet droit & veſte de drap blanc; doublures & culotte blanches; parement & revers de drap blanc, piqué ou jaſpé de rouge: la patte de la poche en travers, liſérée de même drap & garnie de trois boutons; le deſſous de l'avant-bras & du parement fermé par quatre petits boutons, ſept au revers, dont un détaché & les autres de deux en deux, trois gros au-deſſous.

Boutons jaunes........................ N.° 8.

AUVERGNE.

Habit, collet droit & veſte de drap blanc; doublures & culotte de même couleur; parement & revers de drap violet: patte des poches ordinaires, liſérée de violet, garnie de trois boutons; le deſſous de l'avant-bras & du parement fermé par quatre petits boutons, ſept au revers, à diſtance égale, & trois gros au-deſſous.

Boutons blancs........................ N.° 9.

FLANDRE.

Habit, parement, revers & collet droit de drap blanc; doublures & culotte de même couleur: patte en travers de l'habit, liſérée de blanc, garnie de trois boutons; le deſſous de l'avant-bras & du parement fermé par quatre petits boutons,

2. Septembre 1775.

boutons, ſept au revers, détachés par deux, deux & trois, trois gros au-deſſous.

Boutons jaunes........................ N.° 10.

GUIENNE.

Habit, collet droit, revers & veſte de drap blanc; paremens de drap rouge; doublures & culotte de tricot blanc: le revers & la patte de la poche en long liſérés de rouge; elle ſera garnie de trois boutons à diſtance égale; le deſſous du parement & de l'avant-bras fermé par quatre petits boutons, ſept au revers, à diſtance égale, & trois gros au-deſſous.

Boutons jaunes........................ N.° 11.

DU ROI.

Habit blanc, garni de neuf agrémens aurore & autant de boutons jaunes; parement bleu avec trois agrémens & boutons; veſte bleue, garnie de vingt agrémens aurore & boutons: patte de poche garnie de cinq boutons & agrémens; doublure de l'habit bleue, celle de la veſte de toile rouſſe, culotte de tricot blanc.

N.° 12.

ROYAL.

Habit, collet droit & veſte de drap blanc, paremens & revers de drap bleu; doublures & culotte de tricot blanc; la patte de la poche en long, liſérée de bleu, garnie de trois boutons à diſtance égale; le deſſous de la manche & du parement fermé par quatre petits boutons, ſept au revers, à diſtance égale, & trois gros au-deſſous.

Boutons blancs........................ N.° 13.

BRIE.

Habit, collet droit & veſte de drap blanc; parement & revers de drap bleu; doublures & culotte de tricot blanc; la patte de la poche en long, liſérée de bleu, garnie de quatre gros boutons, les deux du milieu plus rapprochés; le deſſous de l'avant-bras & du parement fermé par quatre petits boutons, ſept au revers, placés par deux, deux & trois, trois gros au-deſſous.

Boutons blancs .... N.° 14.

POITOU.

Habit, collet droit, veſte & culotte blanches; paremens & revers de drap bleu: la patte de la poche en long, liſérée de bleu, garnie de ſix gros boutons placés de deux en deux; le deſſous de l'avant-bras & du parement fermé par quatre petits boutons, ſept au revers, placés à diſtance égale, trois gros au-deſſous.

Boutons jaunes .... N.° 15.

BRESSE.

Habit, collet droit & veſte de drap blanc; doublures & culotte de tricot de même couleur; paremens & revers de drap bleu: une ſeule poche en long, liſérée de bleu, garnie de quatre gros boutons, les deux du milieu plus rapprochés; le deſſous de l'avant-bras & du parement fermé par quatre petits boutons, ſept au revers, dont un détaché, & les ſix autres de deux en deux, trois gros au-deſſous.

Boutons jaunes .... N.° 16.

LYONNOIS.

Habit, collet droit & veſte de drap blanc; culotte de tricot & doublures de même couleur; paremens & revers de drap rouge: la patte de la poche en long, liſérée de rouge, garnie de trois gros boutons à diſtance égale; le deſſous de l'avant-bras & du parement fermé par quatre petits boutons, ſept au revers, à diſtance égale, trois gros au-deſſous.

Boutons jaunes .... N.° 17.

DU MAINE.

Habit, collet droit, paremens & veſte de drap blanc; doublures & culotte de tricot de même couleur; revers de drap rouge: la patte de la poche en long, liſérée de rouge, garnie de trois gros boutons à diſtance égale; le deſſous de l'avant-bras & du parement fermé par quatre petits boutons, ſept au revers, dont un détaché, les ſix autres de deux en deux.

Boutons jaunes .... N.° 18.

DAUPHIN.

Habit, collet droit, veste de drap blanc; doublures & culotte de tricot de même couleur; paremens & revers de drap bleu: la patte de la poche en long, lisérée de bleu, garnie de cinq gros boutons, dont les trois du milieu en patte-d'oie, & un à chaque extrémité; le dessous de l'avant-bras & du parement fermé par quatre petits boutons, sept au revers, placés par trois, un & trois, trois gros au-dessous.

Boutons jaunes timbrés d'un dauphin..... N.° 19.

LE PERCHE.

Habit, collet droit, veste de drap blanc; doublures & culotte de tricot de même couleur; paremens & revers de drap bleu: la patte de la poche en long, lisérée de bleu, garnie de trois gros boutons à distance égale; le dessous de l'avant-bras & du parement fermé par quatre petits boutons, sept au revers, dont un détaché, & les six autres de trois en trois, trois gros au-dessous.

Boutons jaunes........................ N.° 20.

AUNIS.

Habit, collet droit, paremens & veste de drap blanc; doublures & culotte de tricot de même couleur; revers de drap rouge: poche ordinaire, lisérée de rouge, garnie de trois gros boutons à distance égale; le dessous de l'avant-bras & du parement fermé par quatre petits boutons, sept au revers, à distance égale, & trois gros au-dessous.

Boutons blancs........................ N.° 21.

BASSIGNY.

Habit, collet droit & veste de drap blanc; doublures & culotte de tricot de même couleur; paremens & revers de drap blanc jaspé de rouge: la patte de la poche ordinaire, lisérée de même drap, garnie de cinq gros boutons, dont un à chaque angle & un à la pointe du milieu; le dessous de l'avant-bras & du parement fermé par quatre petits boutons, sept au revers, dont un détaché & les six autres de deux en deux, trois gros au-dessous.

Boutons jaunes........................ N.° 22.

TOURAINE.

Habit, collet droit & veſte de drap blanc ; doublures & culotte de même couleur ; paremens & revers de drap bleu : la patte de la poche en long, liſérée de bleu, & garnie de ſix gros boutons à diſtance égale ; le deſſous de l'avant-bras & du parement fermé par quatre petits boutons, ſept au revers, dont un détaché & les ſix autres de deux en deux, trois gros au-deſſous.

Boutons blancs . . . . N.° 23.

SAVOIE-CARIGNAN.

Habit, collet droit & veſte de drap blanc ; doublures & culotte de tricot de même couleur ; paremens & revers de drap rouge : la patte de la poche en travers, liſérée de rouge, garnie de cinq gros boutons précédés de boutonnières, dont un à chaque angle & un à la pointe ; le deſſous de l'avant-bras & du parement fermé par quatre petits boutons, ſept au revers, placés par deux, trois & deux, trois gros au-deſſous.

Boutons blancs aux armes du Prince . . . . . N.° 24.

AQUITAINE.

Habit, collet droit & veſte de drap blanc ; doublures & culotte de tricot de même couleur ; paremens & revers de drap bleu : la patte de la poche ordinaire, liſérée de bleu, garnie de trois gros boutons à diſtance égale ; le deſſous du parement & de l'avant-bras fermé par quatre petits boutons, ſept au revers, détachés par deux, trois & deux, & trois gros au-deſſous.

Boutons jaunes . . . . N.° 25.

ANJOU.

Habit, collet droit, paremens & veſte de drap blanc ; doublures & culotte de tricot de même couleur ; revers de drap bleu : la patte de la poche en long, liſérée de bleu, garnie de cinq gros boutons, dont deux en travers ſur la largeur de chaque extrémité, & un au milieu ; le deſſous du parement & de l'avant-bras fermé par quatre petits boutons, ſept au revers, placés par trois, deux & deux, & trois gros au-deſſous.

Boutons jaunes . . . . N.° 26.

NIVERNOIS.

NIVERNOIS.

Habit, collet droit, revers & veste de drap blanc; doublures & culotte de tricot de même couleur; paremens de drap bleu: le revers & la patte de la poche en long, lisérés de bleu; elle sera garnie de trois gros boutons, à distance égale; le dessous du parement & de l'avant-bras fermé par quatre petits boutons, sept au revers, à distance égale, & trois gros au-dessous.

Boutons jaunes . . . . N.° 27.

DAUPHINÉ.

Habit, collet droit & veste de drap blanc; doublures & culotte de tricot de même couleur; paremens & revers de drap cramoisi: patte de poche en demi-écusson, lisérée de cramoisi, garnie de cinq boutons, dont un à chaque angle & un à la pointe; le dessous du parement & de l'avant-bras fermé par quatre petits boutons, sept au revers, à distance égale, & trois gros au-dessous.

Boutons jaunes . . . . N.° 28.

ISLE-DE-FRANCE.

Habit, collet droit & veste de drap blanc; doublures & culotte de tricot de même couleur; revers & paremens de drap rouge: la patte de la poche en long, lisérée de rouge, garnie de quatre boutons, les deux du milieu plus rapprochés; le dessous du parement & de l'avant-bras fermé par quatre petits boutons, sept au revers, détachés par deux, trois & deux, & trois gros au-dessous.

Boutons jaunes . . . . N.° 29.

SOISSONNOIS.

Habit, collet droit, revers & veste de drap blanc; doublures & culotte de tricot de même couleur: paremens de drap rouge: le revers & la patte de poche ordinaire, lisérés de rouge; elle sera garnie de trois gros boutons; le dessous du parement & de l'avant-bras fermé par quatre petits boutons, sept au revers, détachés par un, trois & trois, & trois gros au-dessous.

Boutons jaunes . . . . N.° 30.

LA REINE.

Habit, collet droit & veste de drap blanc; doublures & culotte de tricot de même couleur; paremens & revers de drap rouge: patte de poches en écusson, liférée de rouge, garnie de quatre boutons, dont un à chaque angle; le dessous du parement & de l'avant-bras fermé par quatre petits boutons, sept au revers, détachés par un, trois & trois, trois gros au-dessous.

Boutons blancs.................... N.° 31.

LIMOSIN.

Habit, collet droit & veste de drap blanc; doublures & culotte de tricot de même couleur; paremens & revers de drap rouge: patte de poches ordinaires, liférée de rouge, garnie de quatre boutons à distance égale; le dessous du parement & de l'avant-bras fermé par quatre petits boutons, sept au revers, détachés par un, quatre & deux, & trois gros au-dessous.

Boutons jaunes.................... N.° 32.

ROYAL-VAISSEAUX.

Habit, collet droit, veste de drap blanc; doublures & culotte de tricot de même couleur, paremens & revers de drap bleu: la patte de la poche en long, liférée de bleu, garnie de cinq gros boutons; le dessous du parement & de l'avant-bras fermé par quatre petits boutons, sept au revers, détachés par quatre, deux & un, & trois gros au-dessous.

Boutons jaunes empreints d'un vaisseau.... N.° 33.

ORLÉANS.

Habit, collet droit & veste de drap blanc; doublures & culotte de tricot de même couleur, paremens & revers de drap rouge: patte de poche en écusson, liférée de rouge, garnie de cinq gros boutons, dont un à chaque angle & un à la pointe du milieu; le dessous de l'avant-bras & du parement fermé par quatre petits boutons, sept au revers, détachés par un, trois & trois, trois gros au-dessous.

Boutons jaunes aux armes d'Orléans...... N.° 34.

LA COURONNE.

Habit, collet droit & veste de drap blanc; doublures & culotte de tricot de même couleur; paremens & revers de drap bleu; patte de poches ordinaires, liſérée de bleu, garnie de trois gros boutons; le deſſous du parement & de l'avant-bras fermé par quatre petits boutons, ſept petits au revers, détachés par un, trois & trois, trois gros au-deſſous.

Boutons blancs empreints de la Couronne de France.......................... N.° 35.

BRETAGNE.

Habit, collet droit, paremens & veste de drap blanc; doublures & culotte de tricot de même couleur; revers de panne noire: patte de poche ordinaire, liſérée de noir, garnie de quatre gros boutons à diſtance égale; le deſſous de l'avant-bras & du parement fermé par quatre petits boutons, ſept au revers, détachés par deux, deux & trois, trois gros au-deſſous.

Boutons jaunes.......................... N.° 36.

LORRAINE.

Habit, collet droit & veste de drap blanc; doublures & culotte de tricot de même couleur; paremens & revers de panne noire; la patte de la poche en long, liſérée de noir, garnie de trois gros boutons; le deſſous du parement & de l'avant-bras fermé par quatre petits boutons, ſept au revers, dont un détaché & les ſix autres de deux en deux, & trois gros au-deſſous.

Boutons jaunes.......................... N.° 37.

ARTOIS.

Habit, collet droit, paremens & veste de drap blanc; doublures & culotte de même couleur; revers de drap bleu: patte de poches en écuſſon, liſérée de bleu, garnie de cinq gros boutons, deux ſur la hauteur de chaque côté, & un à la pointe de l'écuſſon; le deſſous de l'avant-bras & du parement fermé par quatre petits boutons, ſept au revers, détachés par deux, un, un & trois, trois gros au-deſſous.

Boutons jaunes.......................... N.° 38.

BERRY.

Habit, collet droit, revers & veste de drap blanc; doublures & culotte de tricot de même couleur; parement de drap cramoisi: le revers & la patte de poches ordinaires, liſérée de cramoisi, & garnie de trois gros boutons; le deſſous du parement & de l'avant-bras fermé par quatre petits boutons; ſept au revers, à diſtance égale, & trois gros au-deſſous.

Boutons jaunes . . . . N.° 39.

HAINAULT.

Habit, collet droit & veste de drap blanc, doublures & culotte de même couleur; paremens & revers de drap cramoiſi: patte de poches ordinaire, liſérée de cramoiſi, garnie de trois gros boutons, le deſſous du parement & de l'avant-bras fermé par quatre petits boutons, ſept au revers à diſtance égale & trois gros au-deſſous.

Boutons blancs . . . . N.° 40.

LA SARRE.

Habit, revers, collet droit & veste de drap blanc, doublures & culotte de tricot de même couleur; paremens de drap bleu: le revers & la patte des poches ordinaire, liſérées de bleu, elle ſera garnie de trois boutons, le deſſous de l'avant-bras & du parement fermé par quatre petits boutons, ſept au revers placés par deux, trois & deux, & trois gros au-deſſous.

Boutons jaunes . . . . N.° 41.

LA FÈRE.

Habit, collet droit & veste de drap blanc, doublures & culotte de même couleur; paremens & revers de drap rouge: patte de poches ordinaire, liſérée de rouge, garnie de trois boutons, le deſſous du parement & de l'avant-bras fermé par quatre petits boutons, ſept au revers détachés par un, quatre & deux, trois gros au-deſſous.

Boutons blancs . . . . N.° 42.

ALSACE.

Habit & collet droit de drap bleu; paremens & revers de drap

2. Septembre 1775.

drap rouge, doublures, veste & culotte blanches; le parement ouvert, sans boutons: patte de poches en travers, liférée de rouge, garnie de trois gros boutons, sept petits au revers à distance égale, & trois gros au-dessous.

Boutons blancs........................ N.° 43.

ROYAL-ROUSSILLON.

Habit, collet droit & veste de drap blanc, doublures & culotte de même couleur; paremens & revers de drap bleu-céleste: patte de poches ordinaire, liférée de bleu-céleste, garnie de trois gros boutons; le dessous de l'avant-bras & du parement fermé par quatre petits boutons, sept au revers, le premier détaché & les autres de deux en deux, trois gros au-dessous.

Boutons jaunes........................ N.° 44.

CONDÉ.

Habit, collet droit, veste de drap blanc & culotte de tricot de même couleur; revers & paremens de drap rouge, doublures de même couleur: patte de poches ordinaire, liférée de rouge, garnie de trois gros boutons à distance égale; le dessous du parement & de l'avant-bras fermé par quatre petits boutons, sept au revers, détachés par trois, deux & deux, & trois gros au-dessous.

Boutons jaunes aux armes de Condé....... N.° 45.

BOURBON.

Habit, collet droit & veste de drap blanc, doublures & culotte de tricot de même couleur; paremens & revers drap rouge: la patte de la poche en long, liférée de rouge, garnie de cinq petits boutons, dont un à chaque extrémité & trois au milieu en patte-d'oie, le dessous de l'avant-bras & du parement fermé par quatre petits boutons, sept au revers, détachés par trois, deux & deux, & trois gros au-dessous.

Boutons blancs aux armes de Bourbon..... N.° 46.

BEAUVOISIS.

Habit, collet droit & paremens de drap blanc, doublures & culotte de tricot de même couleur, revers de drap rouge: la patte de la poche en long, liférée de rouge, garnie de quatre boutons à distance égale; le dessous du parement

& de l'avant-bras fermé par quatre petits boutons, fept au revers, détachés par trois, un & trois, trois gros au-deffous.

Boutons blancs . . . . N.° 47.

ROUERGUE.

Habit, collet droit & paremens de drap blanc, doublures & culotte de tricot de même couleur, revers de drap rouge: la patte de la poche en travers, liférée de rouge, garnie de trois gros boutons, placés à diftance égale; le deffous du parement & de l'avant-bras fermé par quatre petits boutons, fept au revers à diftance égale, trois gros au-deffous.

Boutons jaunes . . . . N.° 48.

BOURGOGNE.

Habit, collet droit & vefte de drap blanc, doublures & culotte de tricot de même couleur; paremens & revers de drap gris-de-fer: patte de poches ordinaire, liférée de gris-de-fer, garnie de trois gros boutons à diftance égale; le deffous de la manche & du parement fermé par quatre petits boutons, fept au revers à diftance égale, & trois gros au-deffous.

Boutons jaunes . . . . N.° 49.

ROYAL-LA-MARINE.

Habit, collet droit & vefte de drap blanc, doublures & culotte de tricot de même couleur; paremens & revers de drap bleu-célefte: patte de poches ordinaire, liférée de bleu-célefte, garnie de trois gros boutons à diftance égale; le deffous du parement & de l'avant-bras fermé par quatre petits boutons, fept au revers à diftance égale, & trois gros au-deffous.

Boutons blancs . . . . N.° 50.

VERMANDOIS.

Habit, collet droit, paremens & vefte de drap blanc, doublures & culotte de tricot de même couleur; revers de drap blanc jafpé de rouge: la patte de la poche en long, liférée de même drap, garnie de trois gros boutons à diftance égale; le deffous du parement & de l'avant-bras fermé par quatre petits boutons, fept au revers à diftance égale, & trois gros au-deffous.

Boutons jaunes . . . . N.° 51.

2. Septembre 1775.

ANHALT.

Habit & collet droit de drap bleu; paremens & revers de drap jaune-citron, doublures, veste & culotte blanches; le parement fermé par deux petits boutons: la patte de la poche en travers en forme d'écusson, liférée de jaune, garnie de cinq boutons, un sur chaque angle & un à la pointe du milieu, sept petits au revers à distance égale, & quatre gros au-dessous.

Boutons blancs .... N.° 52.

ARTILLERIE.

RÉGIMENS.

L'UNIFORME du Corps-royal d'Artillerie, continuera d'être composé d'un habit, épaulette & veste de drap bleu-de-roi; paremens, collet & doublures rouges; le devant de l'habit sera garni d'une bande de drap ouverte de dix boutonnières: de patte de poches ordinaire, liférée de rouge & garnie de quatre gros boutons, quatre de même au parement, un sur chaque hanche & un dans les plis, dans lesquels il sera placé de chaque côté une poche de toile.

La veste de drap bleu, sera doublée de cadis blanc, les basques le seront de toile; elle sera garnie de douze petits boutons sur le devant: les poches seront ouvertes & garnies de quatre boutons.

La culotte sera de tricot bleu, & le caleçon, qui en sera détaché, sera de toile écrue.

Boutons jaunes, forme aplatie............ N.° 53.

Chapeau bordé de galon blanc.

COMPAGNIES DE MINEURS.

Les compagnies de Mineurs, porteront le même uniforme que les régimens d'Artillerie; à l'exception de l'épaulette, qui, au lieu d'être de drap bleu, sera pour l'habit & pour la veste en laine aurore.

COMPAGNIES D'OUVRIERS.

Les compagnies d'Ouvriers, porteront le même uniforme que les régimens du Corps-royal, en ajoutant à l'habit le revers de drap rouge & une pattelette rouge à la veste; le revers de l'habit sera garni de sept petits boutons à distance égale, trois gros au-dessous.

GARDES-MAGASINS & ARTIFICIERS D'ARTILLERIE.

Les Gardes-magasins & Artificiers d'Artillerie, porteront l'habit de drap bleu avec parement & collet de velours bleu-céleste.

CONDUCTEURS DE CHARROIS.

Les Conducteurs de charrois d'Artillerie, porteront le même uniforme que les Gardes-magasins, ils seront distingués par les paremens & collet qui seront de drap bleu-céleste, au lieu d'être de velours de même couleur.

ROYAL-ITALIEN.

Habit & collet droit de drap bleu-de-roi, doublure blanche; veste & culotte de même couleur; revers & paremens de drap jaune: patte de poches ordinaire, liférée de jaune, garnie de trois gros boutons; le dessous du parement & de l'avant-bras fermé par quatre petits boutons, sept au revers, dont un détaché & les autres de deux en deux, trois gros au-dessous.

Boutons jaunes . . . . N.° 54.

ERLACH Suisse.

55. Habit de drap rouge, doublures de serge ou cadis blanc; paremens, collet & revers de panne noire: la patte de la poche en long, garnie de trois gros boutons, trois petits sur le parement, sept au revers à distance égale & trois gros au-dessous.

Veste & culotte d'étoffe blanche.

Boutons blancs unis.

BOCCARD Suisse.

56. Habit & collet de drap rouge, doublure de serge ou cadis blanc; paremens & revers de drap jaune: la patte de la poche en travers, garnie de trois gros boutons, trois petits aux paremens, sept au revers à distance égale & trois gros au-dessous.

Veste & culotte d'étoffe blanche.

Boutons blancs unis.

SONNEMBERG.

SONNEMBERG, ci-devant PFIFFER.

57. Habit de drap rouge, doublure de ferge ou cadis blanc; paremens, collet & revers de drap bleu-de-roi: la patte de la poche en long, garnie de trois gros boutons, trois petits au parement, fept au revers à diftance égale, & trois gros au-deffous.

Vefte & culotte d'étoffe blanche.

Boutons blancs unis.

CASTELLA.

58. Habit de drap rouge, doublure de ferge ou cadis blanc; paremens, collet & revers de drap bleu-de-roi: la patte de la poche en travers, garnie de trois gros boutons, trois petits au parement, fix au revers avec boutonnières de poil de chèvre blanc, détachés par un, deux & trois, trois gros boutons au-deffous.

Vefte & culotte d'étoffe blanche.

Boutons blancs unis.

LANGUEDOC.

Habit, collet droit & vefte de drap blanc, doublures & culotte de tricot de même couleur; paremens & revers de drap rouge: patte de la poche ordinaire, liférée de rouge, garnie de trois boutons; le deffous de l'avant-bras & du parement fermé par quatre petits boutons, fept au revers à diftance égale, & trois gros au-deffous.

Boutons jaunes & blancs mêlés alternativement. N.° 59.

BEAUCE.

Habit, collet droit, paremens & vefte de drap blanc, doublures & culotte de tricot de même couleur; revers de drap rouge: patte de poche ordinaire avec deux échancrures, liférée de rouge, garnie de trois boutons; le deffous du parement & de l'avant-bras fermé par quatre petits boutons, fept au revers détachés par trois, un & trois, trois gros au-deffous.

Boutons jaunes . . . . N.° 60.

WALDNER.

61. Habit, collet droit & revers de drap rouge, doublures de

ſerge ou cadis blanc; paremens de drap blanc: la patte de la poche en long, garnie de trois gros boutons, trois petits au parement, ſept au revers à diſtance égale, & trois gros au-deſſous.

Veſte & culotte d'étoffe blanche,

Boutons blancs unis.

MÉDOC.

Habit, collet droit & veſte de drap blanc, doublures & culotte de tricot de même couleur; paremens & revers de drap cramoiſi: la patte de la poche ordinaire, liſérée de cramoiſi, garnie de trois boutons à diſtance égale; le deſſous du parement & de l'avant-bras fermé par quatre petits boutons, ſept au revers détachés par deux, deux & trois, trois gros au-deſſous.

Boutons blancs . . . . N.° 62.

VIVARAIS.

Habit, revers, collet droit & veſte de drap blanc, doublures & culotte de tricot de même couleur; paremens de drap gris-de-fer: la patte de la poche en long, liſérée de gris-de-fer, garnie de trois gros boutons; le deſſous du parement & de l'avant-bras fermé par quatre petits boutons, ſept au revers à diſtance égale, & trois gros au-deſſous.

Boutons jaunes . . . . N.° 63.

VEXIN.

Habit, collet droit, revers & veſte de drap blanc, doublures & culotte de même couleur; paremens de panne noire: le revers & la patte de la poche en long, liſérée de noir, garnie de quatre gros boutons, les deux du milieu plus rapprochés; le deſſous de l'avant-bras & du parement fermé par quatre petits boutons, ſept au revers détachés par trois, deux & deux, & trois gros au-deſſous.

Boutons jaunes . . . . N.° 64.

ROYAL-COMTOIS.

Habit, collet droit & veſte de drap blanc, doublures & culotte de tricot de même couleur; paremens & revers de

2 Septembre 1775

drap bleu-céleste : la patte des poches en long, liſérée de bleu-céleſte, garnies chacune de cinq boutons, dont un au milieu & deux en ligne droite ſur la largeur de la patte à chaque bout; le deſſous du parement & de l'avant-bras fermé par quatre petits boutons, ſept au revers détachés par un, trois & trois, trois gros au-deſſous.

Boutons jaunes .... N.° 65.

BEAUJOLOIS.

Habit, collet droit & veſte de drap blanc, doublures & culotte de tricot de même couleur, revers & paremens de drap bleu-de-roi : la patte de la poche en écuſſon, plus large que haute, garnie de cinq gros boutons, dont un à chaque coin, précédés de boutonnières en biais & un à la pointe de l'écuſſon; le deſſous du parement & de l'avant-bras fermé par quatre petits boutons, ſept au revers détachés par trois, trois & un, trois gros au-deſſous.

Boutons jaunes .... N.° 66.

MONSIEUR.

Habit, collet droit & veſte de drap blanc, doublures & culotte de tricot de même couleur; revers & paremens de drap rouge; la patte de la poche en travers un peu échancrée dans le milieu, liſérée de rouge, garnie de quatre gros boutons à diſtance égale, le deſſous du parement & de l'avant-bras fermé par quatre petits boutons, ſept au revers détachés par un, deux, trois & un, & trois gros au-deſſous.

Les Grenadiers porteront l'épaulette à la livrée du Prince; tous les ceinturons ſeront garnis d'une plaque timbrée aux armes de Monſieur.

Boutons blancs aux mêmes armes .... N.° 67.

DAULBONNE, ci-devant JENNER.

68. Habit de drap rouge, doublure de ſerge ou de cadis blanc; paremens, collet & revers de drap jaune : la patte de la poche en long, garnie de trois gros boutons, trois petits au parement, ſept au revers à diſtance égale, & trois gros au-deſſous.

Veſte & culotte d'étoffe blanche.

Boutons blancs unis.

LA MARCK.

Habit & collet de drap bleu-de-roi; paremens & revers de drap jaune-citron; doublure, veste & culotte blanches: la patte de la poche ordinaire en travers, liserée de citron, garnie de trois gros boutons, autant sur le parement, sept petits au revers, dont un détaché & les autres de deux en deux, & trois gros au-dessous.

Boutons blancs . . . . N.° 69.

PENTHIÈVRE.

Habit, paremens, collet droit & veste de drap blanc; doublures & culotte de tricot de même couleur; revers de drap bleu: la patte de la poche en long, garnie de trois gros boutons à distance égale; le dessous du parement & de l'avant-bras fermé par quatre petits boutons, sept au revers, détachés par deux, trois & deux, trois gros au-dessous.

Boutons blancs aux armes de Penthièvre . . . N.° 70.

BOULONOIS.

Habit, parement & collet droit de drap blanc; doublures & culotte de tricot de même couleur; revers de drap cramoisi: la patte de la poche en travers, liserée de cramoisi, garnie de trois gros boutons sur une même ligne, dont un au milieu précédé de boutonnières en hauteur, & un de chaque côté précédé de boutonnières en travers; le dessous du parement & de l'avant-bras fermé par quatre petits boutons, sept au revers, dont un détaché & les autres de deux en deux, trois gros au-dessous.

Boutons blancs . . . . N.° 71.

ANGOUMOIS.

Habit, collet droit & parement de drap blanc; doublures & culotte de tricot de même couleur; revers de drap cramoisi: la patte de la poche en long, liserée de cramoisi, garnie de quatre gros boutons, les deux du milieu plus rapprochés; le dessous de l'avant-bras & du parement fermé par quatre petits boutons, sept au revers, dont un détaché & les autres de deux en deux, trois gros au-dessous.

Boutons jaunes . . . . N.° 72.

LA MARCHE.

LA MARCHE.

Habit & collet droit de drap blanc; doublures & culotte de tricot de même couleur; revers & paremens de drap bleu: patte de poches ordinaire, liſérée de bleu, & garnie de quatre gros boutons, les deux du milieu plus rapprochés; le deſſous de l'avant-bras & du parement fermé par quatre petits boutons, ſept au revers, détachés par trois, deux & deux, trois gros au-deſſous.

Boutons blancs aux armes du Prince..... N.° 73.

SAINTONGE.

Habit, collet droit & veſte de drap blanc; doublures & culotte de tricot de même couleur; paremens & revers de drap cramoiſi: la patte de la poche ordinaire, liſérée de cramoiſi, garnie de trois gros boutons, dont un à la pointe & les autres à chaque coin, avec boutonnières en travers; le deſſous du parement & de l'avant-bras fermé par quatre petits boutons, ſept au revers, détachés par un, trois & trois, trois gros au-deſſous.

Boutons jaunes...................... N.° 74.

FOIX.

Habit, collet droit, revers & veſte de drap blanc; doublures & culotte de tricot de même couleur; paremens de drap cramoiſi: le revers & la patte de la poche en long, liſérée de cramoiſi, elle ſera garnie de cinq boutons, dont un à chaque extrémité, & trois au milieu, en patte-d'oie; le deſſous du parement & de l'avant-bras fermé par quatre petits boutons, ſept au revers, à diſtance égale, trois gros au-deſſous.

Boutons blancs...................... N.° 75.

QUERCY.

Habit, collet droit & paremens de drap blanc, doublures & culotte de tricot de même couleur; revers de drap gris-de-fer: la patte de la poche en long, garnie de trois boutons à diſtance égale; le deſſous du parement & de l'avant-bras fermé par quatre petits boutons, ſept au revers, dont un détaché, & les autres de deux en deux, trois gros au-deſſous.

Boutons blancs...................... N.° 76.

DIESBACH.

77. Habit de drap rouge; doublures de ferge ou cadis blanc; paremens, collet & revers de drap bleu-célefte: la patte de la poche en travers, garnie de trois gros boutons, trois petits au parement, fept au revers, dont un détaché & les autres de deux en deux, trois gros au-deffous.

Vefte & culotte d'étoffe blanche.

Boutons blancs unis.

COURTEN.

78. Habit de drap rouge; doublures de ferge ou cadis blanc; paremens petits & ouverts, fans boutons; collet & revers de drap bleu-de-roi, bordés d'un petit liféré de drap blanc: la patte de la poche en travers, liférée de même, & garnie de trois gros boutons, fept petits au revers, dont un détaché & les autres de deux en deux, trois gros au-deffous.

Vefte & culotte d'étoffe blanche.

Boutons blancs unis.

DILLON.

Habit & collet droit de drap rouge-garance; doublures blanches; paremens & revers de panne noire; le parement en deffus, garni de quatre boutonnières en chevron brifé, avec quatre petits boutons: la patte de la poche ordinaire, liférée de noir, garnie de trois gros boutons, fept au revers, dont un détaché & les autres de deux en deux, trois gros au-deffous.

Vefte & culotte d'étoffe blanche.

Boutons jaunes........................ N.° 79.

BERWICK.

Habit & collet droit de drap rouge-garence; doublures blanches; paremens & revers de panne noire; le parement en deffus, garni de quatre boutonnières en chevron brifé, avec quatre petits boutons: la patte de la poche ordinaire, liférée de noir, garnie de trois gros boutons, fept petits au revers, à diftances égales, & trois gros au-deffous.

Vefte & culotte d'étoffe blanche.

Boutons blancs........................ N.° 80.

ROYAL-SUÉDOIS.

Habit & collet droit de drap bleu; doublures, veste & culotte blanches; parement de drap chamois fermé en dessous par deux petits boutons; revers de même drap chamois: la patte de la poche ordinaire, lisérée de chamois, garnie de trois gros boutons, sept petits au revers, dont un détaché & les autres de deux en deux, trois gros au-dessous.

Boutons jaunes........................ N.° 81.

CHARTRES.

Habit, collet droit & veste de drap blanc; doublures & culotte de tricot de même couleur; revers & paremens de drap rouge: la patte de la poche en écusson, lisérée de rouge, garnie de trois boutons précédés de boutonnières lassées: le dessous du parement & de l'avant-bras fermé par quatre petits boutons, sept au revers, détachés par un, deux & quatre; trois gros au-dessous.

Boutons jaunes aux armes du Prince..... N.° 82.

CONTI.

Habit, collet droit & veste de drap blanc, doublures & culotte de tricot de même couleur; revers & paremens de drap bleu: la patte de la poche en écusson, lisérée de bleu, garnie de cinq boutons, dont un à chacun des quatre angles, précédés de boutonnières en biais, & un à la pointe de l'écusson; le dessous de l'avant-bras & du parement fermé par quatre petits boutons, sept au revers, détachés par trois, un & trois, trois gros au-dessous.

Boutons blancs aux armes du Prince..... N.° 83.

ENGHIEN.

Habit, collet droit, revers & veste de drap blanc; doublures & culotte de même couleur; paremens de drap rouge: la patte de la poche en long, lisérée de rouge, garnie de cinq gros boutons, dont trois rapprochés au milieu, & un à chaque extrémité; le dessous de l'avant-bras & du parement fermé par quatre petits boutons, sept au revers, placés à distance égale, & trois gros au-dessous.

Boutons blancs aux armes du Prince..... N.° 84.

ROYAL-BAVIÈRE.

Habit & collet droit de drap bleu-céleste; paremens ouverts, sans boutons, & revers de panne noire; doublures, veste & culotte blanches: la patte de la poche ordinaire, lisérée de noir, garnie de quatre boutons de deux en deux, huit petits boutons de deux en deux sur le revers, & quatre gros au-dessous, de deux en deux.

Boutons blancs........................ N.° 85.

REGIMENS PROVINCIAUX.

Habit de drap, revers, doublures, veste & culotte blancs; collet & paremens bleus: la patte de la poche ordinaire, garnie de quatre boutons, les deux du milieu plus rapprochés; six petits boutons au revers, de deux en deux; quatre gros sur le parement, espacés de deux en deux, & quatre sous le revers de même.

Boutons blancs, timbrés dans leur milieu, du numéro commun 86, & en dessous, du numéro particulier de chaque régiment, suivant leur rang, ainsi qu'il suit:

SAVOIR:

Noms des Régimens.	N.° commun.	N.° particulier.
Péronne	86	1.
Abbeville	86	2.
Châlons	86	3.
Troies	86	4.
Rouen	86	5.
Pont-Audemer	86	6.
Caen	86	7.
Alençon	86	8.
Moulins	86	9.
Clermont	86	10.
Lille	86	11.
Montauban	86	12.
Rhodès	86	13.
Auch	86	14.
Bordeaux	86	15.

Marmande.

2, Septembre 1775.

Noms des Régimens.	N.° commun.	N.° particulier.
Marmande	86	16.
Périgueux	86	17.
Poitiers	86	18.
Lyon	86	19.
La Rochelle	86	20.
Tours	86	21.
Le Mans	86	22.
Valence	86	23.
Ville de Paris	86	24.
Senlis	86	25.
Mantes	86	26.
Sens	86	27.
Soissons	86	28.
Limoges	86	29.
Blois	86	30.
Montargis	86	31.
Rennes	86	32.
Nantes	86	33.
Vannes	86	34.
Nanci	86	35.
Bar-le-Duc	86	36.
Verdun	86	37.
Arras	86	38.
Châteauroux	86	39.
Colmar	86	40.
Dijon	86	41.
Autun	86	42.
Montpellier	86	43.
Albi	86	44.
Anduse	86	45.
Salins	86	46.
Vésoul	86	47.
Aix	86	48.

RÉGIMENS DE GRENADIERS-ROYAUX.

Les régimens de Grenadiers-royaux, porteront le même uniforme que celui qui eſt ci-deſſus réglé pour les régimens Provinciaux dont ils ſont tirés. Ils en ſeront diſtingués par l'épaulette qu'ils porteront dans les couleurs qui ſont affectées à chacun d'eux, & par les boutons qui seront blancs, timbrés d'une grenade au milieu, godronnés de cinq fleurs-de-lis à diſtance égale, & d'une chaînette intermédiaire : la grenade ſera empreinte du numéro particulier affecté au régiment Provincial auquel appartiendra chaque compagnie de Grenadiers; & ſous l'empreinte de la grenade, ſera timbré le numéro du rang qui a été réglé à chacun des régimens de Grenadiers-royaux entre eux, ainſi qu'il ſuit :

SAVOIR;

RÉGIMENT DE LA GUYENNE,

Composé de neuf Compagnies doubles.

		N.° des régimens Provinciaux.	N.° du rang des régimens des Grenadiers-royaux.
9	3 du régiment Provincial d'Auch	14	1.
	2 de celui de Bordeaux	15	1.
	2 de celui de Marmande	16	1.
	2 de celui de Périgueux	17	1.

Épaulette bleue.

RÉGIMENT DU POITOU,

Composé de huit Compagnies.

8	3 du régiment Provincial de Poitiers	18	2.
	2 de celui de Montauban	12	2.
	2 de celui de Rhodès	13	2.
	1 de celui de la Rochelle	20	2.

Épaulette rouge-garance.

RÉGIMENT DE LA TOURAINE,

Composé de huit Compagnies.

8	3 du régiment Provincial de Tours	21	3.
	3 de celui du Mans	22	3.
	2 de celui de Limoges	29	3.

Épaulette rouge & verte.

2. septembre 1775.

	RÉGIMENT DU DAUPHINÉ, Composé de huit Compagnies.	N.° des régiments Provinciaux.	N.° du rang des régiments des Grenadiers royaux.
8	2 du régiment Provincial de Valence	23	4.
	2 de celui de Clermont	10	4.
	2 de celui de Lyon	19	4.
	2 de celui de Moulins	9	4.

Épaulette violette.

RÉGIMENT DE L'ISLE-DE-FRANCE,

Composé de neuf Compagnies.

9	3 du régiment Provincial de Senlis	25	5.
	2 de celui de Mantes	26	5.
	2 de celui de Sens	27	5.
	2 de celui de Paris	24	5.

Épaulette aurore.

RÉGIMENT DU SOISSONNOIS.

Composé de neuf Compagnies.

9	2 du régiment Provincial de Châlons	3	6.
	2 de celui de Troies	4	6.
	3 de celui de Soissons	28	6.
	2 de celui de Pont-Audemer	6	6.

Épaulette bleue & blanche.

RÉGIMENT DE L'ORLÉANOIS,

Composé de neuf Compagnies.

9	2 du régiment Provincial de Blois	30	7.
	2 de celui de Montargis	31	7.
	2 de celui de Châteauroux	39	7.
	3 de celui d'Alençon	8	7.

Épaulette verte.

		N.° des régiments Provinciaux.	N.° du rang des régimens des Grenadiers-royaux.
	RÉGIMENT DE LA BRETAGNE, *Composé de neuf Compagnies.*		
9	2 du régiment Provincial de Rennes	32	8.
	2 de celui de Nantes	33	8.
	2 de celui de Vannes	34	8.
	3 de celui de Caen	7.	8.
	Épaulette noire.		
	RÉGIMENT DE LA LORRAINE, *Composé de huit Compagnies.*		
	2 du régiment Provincial de Colmar	40	9.
	2 de celui de Nanci	35	9.
	2 de celui de Bar-le-Duc	36	9.
	2 de celui de Verdun	37	9.
	Épaulette rouge & blanche.		
	RÉGIMENT DE L'ARTOIS, *Composé de dix Compagnies.*		
10	2 du régiment Provincial de Lille	11	10.
	2 de celui de Péronne	1	10.
	2 de celui d'Abbeville	2	10.
	2 de celui d'Arras	38	10.
	2 de celui de Rouen	5	10.
	Épaulette jaune & blanche.		
	RÉGIMENT DU LANGUEDOC, *Composé de neuf Compagnies.*		
9	3 du régiment Provincial de Montpellier	43	11.
	2 de celui d'Albi	44	11.
	2 de celui d'Andufe	45	11.
	2 de celui d'Aix	48	11.
	Épaulette rouge & noire.		

RÉGIMENT

2. Septembre 1775.

RÉGIMENT DU COMTÉ DE BOURGOGNE. *Composé de neuf Compagnies.*	N.° des régimens Provinciaux.	N.° du rang des régimens des Grenadiers royaux.
9. { 3 du régiment Provincial de Salins	46	12.
2 de celui de Vésoul	47	12.
2 de celui de Dijon	41	12.
2 de celui d'Autun	42	12.

Épaulette verte & blanche.

SALIS.

87. Habit de drap rouge; doublure de ferge ou cadis blanc; parement, collet & revers de drap bleu-de-roi: la patte des doubles poches en long, garnie chacune de trois gros boutons; fept petits au revers, dont un détaché, & les fix autres de deux en deux, trois gros au-deffous.

Vefte & culotte d'étoffe blanche.

Boutons blancs unis.

ROYAL-CORSE.

Habit, collet droit & parement de drap bleu-de-roi; vefte, culotte & doublures blanches; revers de drap jaune: la patte des poches en travers, liférée de jaune, garnie de trois boutons, autant fur le parement, fept petits au revers, à diftance égale, & trois gros au-deffous.

Boutons blancs........................ N.° 88.

NASSAU.

Habit & collet droit de drap bleu; parement fermé par deux petits boutons, & revers de drap blanc; vefte & culotte de même couleur: patte de poches ordinaire, liférée de blanc, garnie de trois boutons; huit petits au revers, de deux en deux, & trois gros au-deffous.

Boutons blancs........................ N.° 89.

LOCKMANN.

90. Habit de drap rouge; doublure de ferge ou cadis blanc; petit parement fermé de trois petits boutons; collet & revers

de drap bleu-de-roi: la patte de la poche en travers, garnie de trois gros boutons; six petits au revers, détachés par un, deux & trois, & trois gros au-dessous.

Veste & culotte d'étoffe blanche.

Boutons triolés anglois, plats sur la tête.

BOUILLON.

Habit & collet droit de drap bleu-de-roi; doublures, veste & culotte blanches; paremens ouverts, coupés à la Suédoise, sans boutons, & revers de drap rouge: la patte de poche ordinaire, liserée de rouge, garnie de trois gros boutons; sept petits au revers, dont un détaché, & les autres de deux en deux, & trois gros au-dessous.

Boutons jaunes .... N.° 91.

ROYAL-DEUX-PONTS.

Habit & collet droit de drap bleu-céleste; revers & paremens de drap jaune-citron; doublures, veste & culotte blanches; le parement fermé par deux petits boutons: patte de poches ordinaire, liserée de drap citron, garnie de trois gros boutons; sept petits au revers, dont un détaché & les autres de deux en deux, & trois gros au-dessous.

Boutons blancs .... N.° 92.

EPTINGEN.

93. Habit de drap rouge; doublure de serge ou cadis blanc; paremens, collet & revers de drap blanc: la patte de la poche en travers, garnie de trois gros boutons; trois petits au parement, sept au revers, dont un détaché & les six autres de deux en deux, trois gros au-dessous.

Veste & culotte d'étoffe blanche.

Boutons blancs unis.

PROVINCIAL-CORSE.

94. Veste alongée, sans capuchon, de drap brun, tenant lieu d'habit, fermée par-derrière, garnie de douze petits boutons; les basques du devant relevées & agraffées à la poche; petit parement fermé en botte, & collet; doublure de cadis ou serge de même couleur brune; gillet sans poches, garni de

manches & boutons d'étoffe; culotte de tricot vert, avec canons alongés de trois doigts au-dessous du jarret, sans boutonnières ni boucles; guêtres de peau jaune; chapeau coupé à la Corse, le côté du bouton retroussé, & le surplus rabattu.

Boutons blancs godronnés.

ARTICLE 25.

De l'Uniforme des compagnies d'Invalides.

HABIT de drap bleu, sans revers; le collet de même drap, d'un pouce de hauteur, sans être renversé; le parement de drap rouge-garance; doublure de même couleur: gillet-camisole en forme de veste, de laine bleue pour les Invalides de l'intérieur de l'Hôtel, des compagnies attachées à la garde des maisons royales de Paris & de Vincennes; & d'étoffe de laine blanche, pour les Invalides des autres compagnies détachées, & pensionnaires: le devant du juste-au-corps garni de douze boutons blancs, sans boutonnières que celles de la couleur de l'étoffe sur laquelle elles seront appliquées: patte de poches ordinaire, avec trois boutons, & autant au parement.

Boutons blancs, timbrés de trois fleurs-de-lis couronnées de France; chapeau garni d'un bouton uniforme & d'une ganse blanche.

ARTICLE 26.

De l'Uniforme des Troupes-légères.

LÉGION ROYALE.

HABIT de drap bleu-de-roi, doublé de serge ou cadis blanc; collet & revers de drap rouge, & petit parement rond de même drap, sans boutons; six petits au revers, quatre gros au-dessous, un sur chaque hanche, & un à la poche en toile, qui sera cousue dans les plis.

Veste de drap blanc, sans pattelette, doublée de toile écrue; le devant garni de dix boutons, sans poches ni pattes.

Culotte de tricot blanc pour l'Infanterie, & de peau pour les Dragons.

Boutons blancs & unis, forme plate.

L'équipage du cheval des Dragons, fera de drap rouge, bordé d'un petit galon de fil blanc, à chainette, de la largeur de douze lignes; ladite Légion fera à cet effet usage de la selle réglée pour les Dragons de troupes réglées.

LÉGION DE FLANDRE.

Habit de drap bleu-céleste foncé, doublé de serge ou cadis blanc; collet, revers & paremens de drap blanc; paremens ronds, sans boutons; le revers garni de six petits boutons, quatre gros au-dessous, un sur la hanche & un à la poche qui sera de toile cousue dans les plis.

Veste de drap blanc, sans pattelette, doublée de toile écrue, sans poches ni pattes; le devant garni de dix boutons.

Culotte de tricot blanc pour l'Infanterie, & de peau pour les Dragons.

Boutons blancs & unis, forme plate.

L'équipage du cheval des Dragons, sera de peau de mouton liserée d'étoffe de laine croisée, bleu-de-roi clair, ou céleste foncé.

LÉGION DE LORRAINE.

Habit, collet & revers de drap bleu-de-roi, doublé de serge ou cadis chamois; petit parement rond de panne noire, garni de trois petits boutons, sept gros au revers & trois au-dessous, un sur la hanche & un à la poche qui sera de toile & cousue dans les plis.

Veste de drap chamois sans pattelette, doublée de toile écrue; le devant garni de dix petits boutons, sans poches ni pattes.

Culotte de tricot blanc pour l'Infanterie, & de peau pour les Dragons.

Boutons blancs & unis, forme plate.

L'équipage du cheval des Dragons, sera de peau de mouton, liserée d'étoffe de laine croisée, de couleur bleu-de-roi, festonnée.

LÉGION DE CONFLANS.

Pour l'INFANTERIE.

Habit de drap vert, doublé de serge ou cadis de même couleur; revers, collet & parement en retroussis à la Polonoise, de de drap vert, fixés avec un petit bouton : le revers sera garni de sept petits boutons de chaque côté, trois gros au-dessous, un à la hanche & un à la poche qui sera de toile & cousue dans les plis.

Veste de drap vert, sans pattelette, doublée de toile écrue, fermée de dix boutons sur le devant, & sans poches ni pattes.

Culotte de tricot blanc.

Boutons jaunes & unis, forme plate.

Chapeau bordé de galon jaune.

Pour les HUSSARDS.

Habit à la Hongroise ou pelisse, veste ou tolmann de drap vert; les paremens ou retroussis de drap de même couleur; le bordé & le cordonnet pour agrément de laine jaune.

Le schako ou bonnet de feutre noir doublé d'étoffe verte, & bordé d'un galon de laine de même couleur.

Le sabretache sera rouge, bordé d'un galon vert, avec le chiffre du Roi en drap vert, entouré d'un cordonnet jaune.

L'équipage du cheval des Hussards sera de peau de mouton, liférée d'étoffe de laine croisée, de couleur verte festonnée.

LÉGION DE CONDÉ.

Habit de drap chamois-condé, doublé de serge ou cadis rouge; collet, revers & petits paremens ronds de drap rouge; sept petits boutons au revers, trois gros sur le parement, trois au-dessous du revers, un à la hanche & un à la poche, qui sera de toile & cousue dans les plis.

Veste de drap rouge sans pattelette, doublée de toile écrue, fermée de dix boutons sur le devant, & sans poches ni pattes.

Culotte de tricot blanc pour l'Infanterie, & de peau pour les Dragons.

Boutons blancs & unis, forme plate.

L'équipage du cheval des Dragons sera de peau de mouton, liférée de tricot chamois-condé festonné.

LÉGION DE SOUBISE.

Habit, revers & collet de drap bleu-de-roi, doublé de serge ou cadis blanc; petits paremens ronds de drap blanc, sans boutons, sept petits sur chaque côté du revers, trois gros au-dessous, un à la hanche & un à la poche, qui sera de toile & cousue dans les plis.

Veste de drap blanc, sans pattelette, doublée de toile écrue, garnie de dix boutons sur le devant, sans pattes ni poches.

Culotte de tricot blanc pour l'Infanterie, & de peau pour les Dragons.

Boutons blancs unis, forme plate.

L'équipage du cheval sera en peau de mouton, lisérée de tricot blanc festonné.

LÉGION DE DAUPHINÉ.

Habit & collet de la hauteur de quinze à seize lignes, de drap bleu-céleste foncé; doublure de serge ou cadis blanc; revers de panne noire de seize à dix-huit pouces de longueur, garni de six petits boutons de chaque côté & trois gros au-dessous: petit parement à la polonoise, de panne noire, large de quatre pouces à la pointe, qui sera fixée par un bouton, & de deux pouces à l'ouverture de la manche, fermé en dessous par trois petits boutons; épaulette de drap bleu: la patte de la poche en long, garnie de trois boutons, un sur chaque hanche & un à la poche, qui sera de toile & cousue dans les plis.

Veste de drap ou étoffe de laine blanche, sans pattelette, doublée de toile écrue, fermée de dix boutons sur le devant, & sans poches ni pattes marquées.

Culotte de tricot blanc pour l'Infanterie, & de peau pour les Dragons.

Boutons blancs & unis.

L'équipage du cheval sera en peau de mouton, lisérée de tricot noir festonné.

Dérogeant Sa Majesté aux dispositions des Ordonnances & Règlemens précédemment rendus, en ce qui se trouveroit contraire au présent Règlement.

FAIT à Versailles le deux septembre mil sept cent soixante-quinze. *Signé* LOUIS. *Et plus bas*, LE Mis DE FELIX DU MUY.

2 septembre 1775.

INFANTERIE.

N.° 1.er

DÉTAIL *des quantités de chaque espèce de fournitures qui sont nécessaires à la confection de chacune des parties d'habillement ci-après, suivant les opérations journalières qui se font au régiment des Gardes-françoises depuis plusieurs années.*

HABIT de Fourrier, Sergent, Caporal, Appointé & Fusilier.

aune
- $1\frac{1}{3}$ Drap de $\frac{4}{4}$ pour habit.
- " $\frac{1}{12}$ dit pour revers.
- " $\frac{1}{72}$ dit pour paremens.
- " $\frac{5}{24}$ Panne pour revers.
- " $\frac{1}{3}$ ditte pour paremens.
- $2\frac{1}{4}$ Cadis de $\frac{2}{13}$ pour doublure de l'habit & des paremens, non compris les manches.
- " $\frac{3}{4}$ Toile écrue de $\frac{7}{8}$ pour doublure des manches, poches & droits-fils.
- gros boutons { de cuivre. / d'étain.
- petits boutons { de cuivre. / d'étain.

Des Distinctions.

- $1\frac{1}{6}$ Galon de 10 lignes pour les manches du Fourrier.
- " $\frac{1}{3}$ dit pour un bordé sur la manche du Sergent.
- $1\frac{1}{6}$ Galon de 10 lignes pour double bordé sur les manches des Caporaux.
- " $\frac{1}{3}$ dit pour un seul bordé pour les Appointés.
- " $\frac{1}{3}$ dit pour un chevron, marque distinctive d'ancienneté.

HABIT de Tambour-major, Tambours ordinaires & Instrumens.

aune
- $1\frac{1}{3}$ Drap de $\frac{4}{4}$ pour habit.
- " $\frac{1}{12}$ dit pour revers.
- " $\frac{1}{72}$ dit pour paremens.
- " $\frac{1}{24}$ Panne pour revers.
- " $\frac{1}{9}$ ditte pour paremens.
- $2\frac{1}{4}$ Cadis de $\frac{1}{18}$ pour doublure de l'habit & des paremens, non compris les manches.
- " $\frac{3}{4}$ Toile de $\frac{7}{8}$ pour doublure des manches, poches & droits-fils.
- gros boutons { de cuivre. / d'étain.
- petits boutons { de cuivre. / d'étain.

Galons de livrées.

aunes
- Large { 4 pour le Tambour-major. / 3 pour Tambour ordinaire.
- Moyen { 12 pour Tambour-major. / 11 pour Tambour ordinaire.

aune
- $1\frac{1}{3}$ Galon de 10 lignes pour double bordé sur les manches du Tambour-major.
- " $\frac{2}{3}$ dit de 10 lignes pour un bordé sur les manches des Clarinets & Fifres.

VESTES pour tous les Grades en général.

aune
- 1 Drap ou $1\frac{1}{4}$ aune Tricot pour veste.
- $2\frac{1}{2}$ Cadis ou $1\frac{1}{10}$ Toile pour doublure, y compris les manches.
- " $\frac{1}{4}$ Toile de $\frac{7}{8}$ pour doublure des devans de basques, poches & droits-fils.
- 12 petits boutons.

CULOTTE pour tous les Grades en général.

aune
- $1\frac{1}{12}$ Tricot de $\frac{7}{12}$.
- " $\frac{1}{8}$ Toile écrue pour la doublure de la ceinture, une poche & des parementages.
- " $\frac{1}{4}$ Toile écrue de $\frac{7}{8}$ pour le caleçon détaché.

PRIX DES FAÇONS.

	Habit.	Veste.	Culotte	Caleçon
Pour Fourrier & Sergent...	1l 14s "	" 15s "	" 8s "	" 3s "
Caporaux, Appointés, Fusiliers & Musiciens....	1. 12. "	" 15. "	" 8. "	" 3. "
Tambours....	2. 10. "	" 15. "	" 8. "	" 3. "

Nota. Il sera réglé 1 aune $\frac{1}{12}$.me de drap de $\frac{5}{4}$, au lieu de 1 aune $\frac{1}{3}$, pour le dessus d'habit de chaque homme [d']Artillerie, & le surplus ainsi qu'il est détaillé.

OBSERVATIONS.

Les Régimens qui portent les distinctions de l'uniforme en panne, recevront $\frac{1}{80}$.e de drap pour les passepoils ou liserés.

Ceux qui ont des revers ou paremens de couleur distinctive de l'uniforme, trouveront les passepoils [o]u liserés dans les débris de la coupe.

Chaque habit du Corps royal d'Artillerie, recevra $\frac{1}{28}$.e de drap par supplément, pour la bande du devant des boutonnières, en sus de la quantité réglée par le devis.

Nota. Ces différentes quantités ont été réglées sur les modèles qui habilleront un homme de la taille de cinq pieds quatre pouces, ayant la grosseur de poitrine de $\frac{13}{15}$.e & celle du ventre & des hanches de $\frac{3}{4}$.

Instructions pour les différens chefs Tailleurs des régimens d'Infanterie.

Les derrières d'habits doivent être coupés du côté des lisières, à poil.

L'on fera descendre les devans d'habits à côté du derrière, le plus qu'il sera possible, ne laissant uniquement que pour la hauteur du dessous des bras, des manches d'habits à poil; on trouvera le dehors de bras, au-dessus du derrière d'habit à poil, que l'on fera descendre le plus qu'il sera possible.

L'on coupera les devans de vestes au-dessus des devans de l'habit, à poil.

Les derrières de vestes seront coupés du côté des lisières, à contre-poil.

L'on ne coupera pas les manches des vestes pour chaque homme; il doit en être coupé au moins pour trois de suite, & alors on trouvera dans la largeur du drap, trois paires de manches complettes.

Et pour mieux faire encore, on doit couper six ou sept corps d'habits & vestes de suite, sans manches de vestes; elles se trouveront dans les bouts des pièces de drap.

On trouvera les doublures des bavaroises ou revers, dans les entre-deux des devans & derrières de vestes; quand ce sera un habit de petite taille, on les trouvera d'un seul morceau.

Les pattes de vestes seront prises à côté des dessous de bras des manches d'habit.

On trouvera les doublures de collet & les bords de col de la veste, dans l'évidure du derrière de l'habit & veste.

On trouvera de même la garniture d'épaule, dans l'évidure de l'emmanchure.

On coupera deux doublures d'habits de suite, les devans & derrières l'un dans l'autre, en ajoutant des pointes à l'épaule & dans les côtés.

On coupera de suite les doublures de vestes, & les doublures des paremens se trouveront dans les débris.

OBSERVATIONS.

Si on avoit besoin de mettre des chanteaux, ce qui arrive rarement, on les trouvera dans l'évidure du côté du devant d'habit; & on observe que ces chanteaux ne sont pas apparens, parce qu'ils doivent se trouver dans les plis du paremantage de poches.

TABLEAU

N.° 2. TABLEAU *d'Économie dont peut être susceptible l'entretien des Souliers pour le Soldat, d'après la manutention du régiment des Gardes-françoises.*

Le cuir de Bœuf doit avoir sept pieds de longueur de la tête à la queue, sur cinq pieds six pouces de largeur.

Le cuir de Vache doit avoir six pieds de longueur, sur cinq pieds de largeur.

Nota. Dans le cas où ils seroient moins grands, il en faudroit davantage; mais ils seroient moins chers, ce qui reviendroit au même.

ESTIMATION.

Il faut pour 600 paires de Souliers:

14 Cuirs de Bœuf à 44^{lt} la pièce.	616^{lt}
15 Cuirs de Vache à 13.	195.
90 Peaux de Veau, pesant ensemble 420$^{\#}$, à 29^{s} la livre.	609.
14 Bazannes à 20 sous la pièce.	14.
TOTAL.	1434.
Façon du Soulier à 22 sous la paire.	660.
Fournitures de suif, poix, fil, pâte & coupe des cuirs à 5 sous la paire de Souliers.	150.
TOTAL pour 600 paires de Souliers.	2244.

Chaque paire de Souliers revient à... 3^{lt} 14^{s} 9^{d}.

La fixation de ces Prix étant d'après ceux de Paris, les cuirs seront sûrement à meilleur marché dans la plupart des Provinces du royaume, & l'on pourra diminuer dans chacune celui des façons, ce qui produiroit une économie considérable, puisqu'il n'est presque point de garnison où la paire de Souliers ne coûte au moins quatre livres.

N.° 3.

ÉTAT FIGURATIF.

RÉGIMENT d

COMPAGNIE d

ÉTAT des vieilles réparations ordonnées à l

Revue du 177

NOMS des SOLDATS.	HABITS à retourner.	HABITS à réparer.	DÉTAIL des Objets ordonnés.	VESTES. Devans neufs.	VESTES. Devans à retourner.	VESTES. à réparer.	DÉTAIL des Objets ordonnés.
La Sûreté...	1.	"	Parement neuf, collet à changer, manches à changer, habit à raccourcir. 1 aune de doublure.	1.	"	"	2 aunes de doublure. Toile pour poches. 3 petits boutons.
Francœur..	"	1.	Retourner les parem.s rafraîchir la couture, changer le collet. ¼ de doublure.	"	1.	"	changer les basques. ½ aune de doublure. 6 petits boutons.
La Joie....	"	"	À couper pour faire des pièces, on lui remplacera par un habit du magasin, dont les réparations ordonnées seront mises sur le présent état.	"	"	1.	refaire les coutures. ¼ de doublure. 2 petits boutons.
La France.	à ses frais...		Changer les revers, mettre des pièces au coude. 1 aune de doublure. 2 gros boutons. rafraîchir les coutures.	à ses frais........			retourner les devan[s] de veste. ½ aune de doublure. 4 boutons.

On mettra ainsi de suite tous les hommes auxquels on [a] jugé des réparations à faire à leur habillement.

On rapportera à la suite de cet état les réparations fait[es] dans le courant de l'année aux hommes arrivés de Congé [ou] des Hôpitaux, externes & qui n'auroient pu être compris [sur] l'état des réparations précédentes.

2. Septembre 1775.

Suite de l'État figuratif n.° 3.

RÉCAPITULATION *générale des réparations ordonnées, suivant l'état ci-contre & qui ont été exécutées.*

Fournitures. . . .	12 paires de paremens neufs à . . .	
	25 aunes de doublures, à.	
	3 devans de veste neufs, à	
	4 aunes de toile, à	
	3 livres de fil, à.	
	25 gros boutons, à	
	39 petits boutons, à.	
Main-d'œuvre. . .	6 habits retournés, à.	
	12 habits réparés, à	
	4 vestes retournées, à.	
	3 devans neufs, à	
	11 vestes réparées, à	
	TOTAL.	

NOUS Commandant ladite Compagnie, certifions avoir reçu les objets détaillés ci-dessus pour les vieilles réparations.

A le

2. Septembre 1775

N.° 4. 89

RÉGIMENT D

ÉTAT *de toutes les Réparations faites par le Capitaine chargé de l'Habillement du régiment d'Infanterie d tant pour la confection de l'habillement neuf, que pour l'exécution des vieilles réparations pendant l'hiver de 17 à 17*

HABILLEMENT NEUF.

REÇU pour habiller hommes par compagnie, les Fournitures ci-après détaillées.

	DRAPS		TRICOT.	DOUBLURES.	TOILES.	BOUTONS uniformes.		MAIN D'ŒUVRE.
	blancs.	de couleur.				gros.	petits.	
Reçu	.. // ..	.. // ..	.. // ..	.. // ..	.. // ..	.. // ..	.. // ..	.. //
Employé	.. // ..	.. // ..	.. // ..	.. // ..	.. // ..	.. // ..	.. // ..	.. //
RESTE en économie.	.. // ..	.. // ..	.. // ..	.. // ..	.. // ..	.. // ..	.. // ..	.. //
	VIEILLES RÉPARATIONS.							
Restoit en magasin	.. // ..	.. // ..	.. // ..	.. // ..	.. // ..	.. // ..	.. // ..	.. //
Reçu	.. // ..	.. // ..	.. // ..	.. // ..	.. // ..	.. // ..	.. // ..	.. //
TOTAL	.. // ..	.. // ..	.. // ..	.. // ..	.. // ..	.. // ..	.. // ..	.. //
Employé suiv.t le détail	.. // ..	.. // ..	.. // ..	.. // ..	.. // ..	.. // ..	.. // ..	.. //
RESTE en réserve	.. // ..	.. // ..	.. // ..	.. // ..	.. // ..	.. // ..	.. // ..	.. //
	EMPLOI DES FOURNITURES consommées aux vieilles Réparations des Compagnies.							
Grenadiers de	.. // ..	.. // ..	.. // ..	.. // ..	.. // ..	.. // ..	.. // ..	.. //
1.er Chef de bataillon	.. // ..	.. // ..	.. // ..	.. // ..	.. // ..	.. // ..	.. // ..	.. //
Ainsi de toutes les Compagnies du régiment.	.. // ..	.. // ..	.. // ..	.. // ..	.. // ..	.. // ..	.. // ..	.. //
	.. // ..	.. // ..	.. // ..	.. // ..	.. // ..	.. // ..	.. // ..	.. //
	.. // ..	.. // ..	.. // ..	.. // ..	.. // ..	.. // ..	.. // ..	.. //
	.. // ..	.. // ..	.. // ..	.. // ..	.. // ..	.. // ..	.. // ..	.. //
DÉPENSE égale à l'emploi ci-dessus	.. // ..	.. // ..	.. // ..	.. // ..	.. // ..	.. // ..	.. // ..	.. //

Suite de l'*État de l'autre part* (N.° 4).

***BORDEREAU** des Recettes et Dépenses faites par le Capitaine chargé de l'habillement du Régiment d   pour les vieilles réparations de l'hiver de 177   à 177*

Restoit en magasin, suivant l'état nominatif de chaque objet détaillé & arrêté le montant en argent à la somme de....................................	" " "
Reçu en fournitures pour les vieilles réparations, suivant le détail de chaque objet ci-contre, & les prix réglés à la somme de.................	" " "
Main-d'œuvre payée pour les vieilles réparations, suivant l'état détaillé de chaque Capitaine, montant à..........................	" " "
TOTAL de la Recette.......	" " "

Dépense suivant l'état détaillé & nominatif des Compagnies ci-après.

Nota. *Rassembler le total sommé des états de la Dépense certifiée par le Commandant de chaque compagnie.*

Modèle (N.° 3).

Grenadiers de	" " "	" " "
1.er Chef de bataillon...............	" " "	
De.............................	" " "	
De.............................	" " "	
De.............................	" " "	
De.............................	" " "	
Et ainsi de toutes les Compagnies du Régiment.		

Partant il reste en magasin en effets, suivant l'état rapporté ci-joint, pour valeur de........	" " "

Nous Capitaine chargé de l'Habillement, certifions le présent État véritable. A   le

2 . Septembre 1775

91

N.° 5.

MODÈLE du Marché à passer avec le maître Armurier.

JE soussigné (nom) *maître Armurier, engagé en cette qualité au régiment d pour l'espace d ans, déclare avoir fait marché pour toutes les pièces nécessaires à l'entretien & aux réparations des armes, sous la condition que je tirerai lesdites pièces des Manufactures royales, exactement conformes au dernier modèle arrêté pour les Soldats de l'Infanterie; qu'elles seront présentées, examinées & reçues, à peine de rester à ma charge & pour mon compte, par les Officiers qui seront chargés de les visiter; & que chacune desdites pièces employées & par moi fournies auxdites armes, me sera payée séparément, ainsi que ma main-d'œuvre, pour les perfectionner, ajuster & mettre en place au prix convenu & fixé ci-après.*

	PRIX DES PIÈCES tirées des Manufactures royales.			PRIX de CHAQUE PIÈCE, y compris la main-d'œuvre du maître Armurier.		
Un chien de fusil	″	8 s	4 d	″	15 s	″
Un grand ressort	″	4.	7	″	10.	″
Un ressort de baterie	″	4.	7	″	8.	″
Un ressort de gachette	″	1.	8	″	6.	″
Une gachette	″	1.	8	″	8.	″
Une noix	″	2.	6	″	10.	″
Une couverture de noix	″	2.	6	″	8.	″
Une baterie	″	6.	8	″	16.	″
Une culasse	″	4.	2	″	16.	″
Une capucine sans entonnoir	″	7.	″	″	10.	″
Une capucine à domino	″	5.	″	″	8.	″
Une grenadière du milieu	″	6.	″	″	8.	″
Une grenadière basse	″	4.	″	″	6.	″
Un ressort de grenadière	″	1.	″	″	3.	″
Un ressort de capucine	″	1.	″	″	3.	″
Un bois de fusil brut de Perpignan	″	16.	″	2.	″	″
Un demi-bois brut, *idem*	″	4.	″	″	15.	″
Une entière	″	3.	″	″	7.	″

	PRIX DES PIÈCES tirées des Manufactures royales.			PRIX de CHAQUE PIÈCE, y compris la main-d'œuvre du maître Armurier.		
	l.	s.	d.	l.	s.	d.
Une détente	″	1	″	″	4	″
Un canon de fusil fini & éprouvé	5.	10.	″	5.	10.	″
Un porte-vis	″	1.	″	″	4.	″
Une pièce de détente	″	1.	″	″	4.	″
Une sougarde	″	9.	″	″	12.	″
Une plaque de couche	″	7.	6	″	12.	″
Une baguette d'acier	1.	″	″	1.	″	″
Une baïonnette, lame d'acier	1.	6.	8	1.	10.	″
Unvis de platine	″	″	9	″	3.	″
——— de culasse	″	″	9	″	3.	″
——— de plaque	″	″	9	″	3.	″
——— de sougarde	″	″	9	″	3.	″
——— clou de chien	″	1.	4	″	3.	″
Un bassinet				″	12.	″
Une mâchoire de chien				″	4.	″
Retremper la batterie				″	4.	″
Une vis de mâchoire				″	3.	″
Les différentes vis de platine				″	3.	″
Pour coller le bois				″	2.	″
Coller & ajuster un bec de crosse				″	5.	″
Une taq pour arrêter la baguette				″	2.	″
Souder un guidon				″	3.	″
Redresser un canon				″	3.	″
Souder la sougarde				″	3.	″
Un pivot de sougarde				″	3.	″
Souder la plaque				″	3.	″
Un pivot de plaque				″	3.	″
Souder une bride de bassinet				″	3.	″
——— une queue de bassinet				″	3.	″
——— une queue de culasse				″	6.	″
——— une douille de baïonnette				″	6.	″
——— une aile de baïonnette				″	6.	″
——— les différentes capucines & grenadières				″	3.	″
Un grain au canon				″	3.	″

2. Septembre 1775.

93

	PRIX DES PIÈCES tirées des Manufactures royales.	PRIX de CHAQUE PIÈCE, y compris la main-d'œuvre du maître Armurier.
Retailler la noix	....	" lt 3 s " d
Retailler la gachette	....	" 3. "
Retremper la batterie	....	" 4. "
Un tire-balle fait à la Manufacture	....	" 4. "
Un monte-ressort	....	1. 4. "
Un tournevis	....	" 4. "
Un poussé-goupille	....	" 4. "
Un fourreau de sabre sans bois	....	" 19. "
Un fourreau de baïonnette sans bois	....	" 6. "
Un bout de sabre	....	" 8. "
Une chape de sabre	....	" 6. "
Une poignée de sabre	....	1. 10. "
Un corps de sabre	....	2. " "
Une branche de sabre	....	1. " "
Souder les languettes de sabre, *pour chacune*	....	" 7. "
Remonter le sabre	....	" 3. "
Une lame de sabre de la Manufacture	....	2. " "

Quoique ces prix soient inférieurs à ce que chaque objet coûte à la plupart des régimens d'Infanterie, on ne peut cependant les fixer invariablement; mais ils donneront une première connoissance, d'après laquelle les Officiers doivent s'instruire & apporter les soins de l'économie qui leur est recommandée.

2. Septembre 1775.

N.° 6.

RÉGIMENT D 95

COMPAGNIE d

ÉTAT de ce qui doit être payé à ladite Compagnie, au Décompte du 1.er Mai 1775.

NOMS des HOMMES.	GRADES.	LINGE & CHAUSSURE.	SOLDE payée aux Hommes arrivés de congés, sur le pied de 2 sous par Fusilier.	SOLDE réunie au Linge & Chaussure.	ARGENT des SERVICES, ou PAYE des TRAVAILL.rs	RETENUE des Hautes-payes des SERGENS, CAPORAUX & APPOINTÉS.	OBSERVATIONS.
Durand	Fourrier . . .	8# ″s ″d	. . . .	7# 10s ″d			
Audiol	Sergent . . .	8. ″ ″	36# ″s ″d	. . . .	. . . .	. . . .	Arrivé de congé le 1.er Avril.
Montauban .	Sergent . . .	8. ″ ″	. . . .	7. 10. ″	. . . .	6# ″s ″	
Bel-amour . .	Caporal . . .	4. ″ ″	. . . .	7. 10. ″	. . . .	3. ″ ″	Parti pour l'Hôpital externe le 1.er Avril.
Bien-aimé . .	Caporal . . .	3. ″ ″	. . . .	7. 10. ″	. . . .	3. ″ ″	Revenu de l'Hôpital [illegible], rappelé de sa chambrée du 16 Décembre.
S.t-Jacques .	Appointé . . .	4. 10. ″	. . . .	7. 10. ″	5. 10. ″	2. 10. ″	
La Tulipe . .	Appointé . .	4. ″ ″	. . . .	7. 10. ″	9. ″ ″	2. 10. ″	
Saint-Denys .	Fusilier . . .	3. 10. ″	. . . .	6. ″ ″	3. 6. ″	. . . .	Congédié le 1.er Avril.
Le Jeune . . .	Fusilier . . .	3. ″ ″	. . . .	. . . .	. . . .	. . . .	Recrue du 1.er Avril.
Et ainsi de tous les hommes qui composent la Compagnie.							

Suite de l'*ÉTAT de l'autre part.*

ARRÊTÉ du Compte des Hommes morts ou désertés dans le courant du Décompte.

NOMS des HOMMES.	GRADES.	REVENANT du Linge, Chaussure & autres Objets.	REÇU en Argent ou Effets, à l'arrêté du compte remis à l'État-major.	RESTE DÛ au profit de la masse du Linge & Chaussure.	REDOIT à payer à la Compagnie.	OBSERVATIONS.
Saint-Cloud. . . .	Fusilier . . .	37^{ll} 13^{s} $″^{d}$	8^{ll} 3^{s} $″^{d}$	29^{ll} 12^{s} ″	$″^{ll}$ $″^{s}$ $″^{d}$	Mort.
Bellegarde	Fusilier . . .	5. 7. ″	12. 17. ″	″ ″ ″	7. 10 ″	Déserté.
Berarde	Fusilier . . .	9. 6. ″	9. 6. ″	″ ″ ″	″ ″ ″	Déserté.
L'encan des effets desdits Soldats, suivant l'État remis à l'Officier chargé de la caisse a produit.	. . . .	″ ″ ″	″ ″ ″	21. 16. ″	″ ″ ″	
		″ ″ ″	″ ″ ″	51. 8. ″	7. 10. ″	

RESTE EN CAISSE.

NOMS.	CHAUSSURE.	SOLDE des CONGÉS.
Saint-Jean	8^{ll} $″^{s}$ $″^{d}$	21^{ll} $″^{s}$ $″^{d}$
Florentin.	4. ″ ″	9. ″ ″
Dominique.	4. ″ ″	7. 10. ″

Nota. *Les Hommes absens pour lesquels les Compagnies ne prendront rien au Décompte, seront mis sur cet État pour justifier & réclamer à leur tour ce qui reste en caisse pour eux.*

RÉCAPITULATION des payemens à faire pour le décompte de cette Compagnie.

Linge & Chaussure.	$″^{ll}$	$″^{s}$	″
Demi-solde des Congés arrivés. . .	″	″	″
Demi-solde réunie à la Chaussure.	″	″	″
Paye des Travailleurs ou argent des services	″	″	″
Retenue des Hautes-payes.	″	″	″
Revient des morts & désertés. . . .	″	″	″
Revient de l'ancienne Masse. . . .	″	″	″
TOTAL.	1727.	12.	″
à déduire			
Payemens faits. . . . . 830^{l} 12^{s} $″^{d}$ / Net de la nouvelle Masse. 770. ″ ″	1600.	12.	″
Cette Compagnie doit recevoir. .	127.	″	″

NOUS, Commandant ladite compagnie, certifions le présent État véritable. A le

2. Septembre 1775.

N.° 7.

REGIMENT D

Nota. L'état du linge du Soldat doit être de trois bonnes chemises, deux culottes, deux paires de souliers, trois paires de guêtres blanches, noires & d'étoffe, deux paires de bas, deux cols de crin, quatre rabats, une agrafe de col, une paire de boucles de souliers, deux paires de boucles de jarretières de culottes & guêtres, un ruban de queue, un sac de peau, un sac à poudre, la houppe, deux peignes à retaper & à decrasser, deux brosses de souliers, une brosse pour nettoyer le cuivre, un pinceau pour blanchir la buffleterie, un dé à coudre, du fil, des aiguilles, un tire-bourre, un tournevis, une épinglette.

COMPAGNIE d

ÉTAT du Linge, des parties de petit Equipement & de la Masse de quinze livres de la Compagnie d arrêté au décompte du 1.er Mai 177

NOMS des HOMMES.	CHEMISES...	CULOTTE...	SOULIERS...	GUÊTRES, blanches...	GUÊTRES, noires...	BAS...	COLS & Agraffes.	RABATS...	BOUCLES...	RUBAN de queue.	SAC à Poudre...	DÉCOMPTE. Masse...	DÉCOMPTE. Emprunt des Soldats.	OBSERVATIONS.
Durand....	3	2	2	1	2	2	2	4	3	1	1	15	«	
Audiol.....	3	2	2	1	2	2	2	4	3	1	1	15	«	
Montauban..	3	2	2	1	2	2	2	4	3	1	1	«	3	
d'Albert....	«	«	«	«	«	«	«	«	«	«	«	«	«	à l'Hôpital externe.
Philippe....	«	«	«	«	«	«	«	«	«	«	«	«	12	par congé.
Et ainsi des autres Soldats de la Compagnie.														
TOTAL...												866	96	
EMPRUNTS à déduire....												96	«	
RESTE NET à l'État-major le 1.er Mai 177												770	«	

Suite de l'*ÉTAT de l'autre part.*

RÉSULTAT.

Le linge & chaussure de la Compagnie d est *(en bon ou en mauvais état)*. Elle aura besoin dans le courant du Décompte prochain, de chemises, paires de souliers, paires de culottes, guêtres blanches, guêtres noircies, guêtres d'étoffe de laine, &c.

Cette Compagnie a de Masse acquise au 1.er Mai . . .	866tt ″s ″d
L'Emprunt des Soldats, à déduire, monte à	96. ″ ″
IL RESTE NET à l'État-major	770. ″ ″

DÉTAIL DU DÉCOMPTE.

Cette Compagnie a réclamé pour les objets du Décompte, suivant la feuille *(voyez N.° 6, verso)*		1727. 12. ″
À DÉDUIRE.		
L'État-major a payé dans le courant du Décompte.	830tt 12s ″d	1600. 12. ″
Pour le net de la Masse formée le 1.er Mai . . .	770. ″ ″	
PARTANT cette Compagnie doit recevoir au Décompte.		127. ″ ″

NOUS Commandant ladite compagnie, certifions l'Équipement & l'emploi du Décompte véritables. A le

2. Septembre 1775

99

N.° 8. RÉGIMENT D

ÉTAT qui doit être fait par l'Officier chargé de la Caisse.

ÉTAT de ce qui reste en Caisse sur la subsistance pendant les mois de Mars & Avril 177

Appartenans aux Compagnies de	Linge & Chaussure.	Solde des Congés.
Grenadiers de	#	#
du premier Chef de bataillon. . . .	#	#
de	#	#
de	#	#
& ainsi des autres Compagnies. TOTAL.	#	#

Nota. C'est sur le bordereau sommaire du décompte de subsistance du Trésorier, que l'Officier, chargé de la caisse, doit faire ce relevé.

Il doit porter en recette à chaque Compagnie, ce qui lui reste en caisse sur ces objets.

Il doit tenir séparément un état du jour du départ & de l'arrivée des Soldats par congé ou des Hôpitaux externes.

C'est toujours au décompte du 1.er Mai que se répartit la demi-solde des congés réunis à la chaussure, sur tous les hommes présens qui ont fait le service pendant l'hiver.

2 Septembre 1775

N.° 9. COMPAGNIE D

Cet État doit être fait par l'Officier chargé de la Caisse.

JOURNAL de l'enregistrement fait par Compagnie, par l'Officier chargé de la Caisse, pour servir au décompte de la Recette & de l'emploi de la Masse du linge & chaussure, & des objets qui y sont relatifs, d'après lequel il doit être fait décompte à ladite Compagnie sur les feuilles des Fourriers, ci-devant n.° &

DATES & MOIS.	DÉTAIL des OBJETS DE RECETTE ET DÉPENSE.	RECETTE.	DÉPENSE.
1775. le 1.er Janvier.	Reste en caisse pour le net de la Masse à cette époque.	731# ″s ″d	″# ″s ″d
Le.......	Payé à Marchand, quatre mandemens du mois de montant à......	″ ″ ″	″ ″ ″
Le.......	Payé à Cordonnier, huit mandemens du mois de montant à.....	″ ″ ″	″ ″ ″
Le.......	Reste dû à Joli-cœur, *mort*, suivant l'état......	″ ″ ″	″ ″ ″
Le.......	Reçu pour la paye des Travailleurs du mois de	″ ″ ″	″ ″ ″
	Reçu pour la retenue des Hautes-payes du mois de	″ ″ ″	″ ″ ″
	Revient pour le nommé recrue de l'État-major..........................	″ ″ ″	″ ″ ″
Et ainsi de tous les articles de Recette & de Dépense quelconques, faites dans le courant des quatre mois.			
	RECETTE TOTALE....		
	DÉPENSE...........		
	Revient net à ladite Compagnie le...........	″ ″ ″	″ ″ ″
	Plus, le linge & chaussure, suivant la feuille N.°	″ ″ ″	″ ″ ″
	Solde & demi-solde des congés par la même feuille.	″ ″ ″	″ ″ ″
	TOTAL.........	897. ″ ″	
	A déduire net de la Masse formée le 1.er Mai 177	770. ″ ″	
	Cette Compagnie recevra comptant au décompte...	127. ″ ″	

N.° 10. # RÉGIMENT D

INSPECTION d

ÉTAT de Recette & Dépense sur la Masse du linge & chaussure, depuis le 1.er Mai 177 jusqu'au 1.er Mai 177

RECETTE.

IL restoit en Caisse, le 1.er Mai 177		// // //
Linge & Chaussure du 1.er Mai 177 au 1.er Mai 177		// // //
Demi-solde des hommes arrivés de congé..	// // //	// // //
Demi-solde réunie à la chaussure	// // //	
Paye des Travailleurs ou argent des services.....		// // //
Retenues des Hautes-payes..................		// // //
TOTAL de la Recette.......		// // //

DÉPENSE.

Compagnies de Grenadiers de	// // //	// // //
1.er Chef de Bataillon...	// // //	
de.	// // //	
Et ainsi des autres Compagnies.		
Frais de Bureau	120l // //	
RESTE en Caisse sur le linge & chaussure....		// // //

CERTIFIÉ par nous Officier chargé de la Caisse, & conforme à la Recette & Dépense dont les Commandans des Compagnies ont le détail. A le

VU & certifié par nous Colonel, Lieutenant-colonel & Major. A le

VU & vérifié par nous Inspecteur général d'Infanterie. A

2. Septembre 1775.

N.° 11.

RÉGIMENT D

INSPECTION
d

ÉTAT de Recette & Dépense sur la petite Masse de 5^{ll} par homme, depuis le 1.er Mai 177 jusqu'au 1.er Mai 177

RECETTE.

	l	s	d
IL restoit en Caisse le 1.er Mai 177	//	//	//
Produit de ladite Masse depuis le 1.er Mai 177 jusqu'au 1.er Mai 177	//	//	//
TOTAL de la Recette	//	//	//

DÉPENSE.

4 deniers pour livre du produit de ladite Masse....	//	//	//
Sacs de ladite somme	//	//	//
Haute-paye des Tambours	//	//	//
Payé au maître Armurier pour la réparation des armes, d'après les états quittancés chaque mois	//	//	//
Payé pour aunes de drap blanc, employés à la vieille réparation.	//	//	//
Payé pour aunes de doublures, employées au même usage.	//	//	//
Payé pour aunes de tricot, employées au même usage	//	//	//
Payé pour livres de fil, employé aux vieilles répar.	//	//	//
Main-d'œuvre des vieilles réparations, suivant l'état des Commandans de Compagnie	//	//	//
Et ainsi des autres articles dont ladite Masse est susceptible.			
Frais de Bureau pendant l'année	//	//	//
TOTAL de la Dépense	//	//	//

La RECETTE est de	//	//	//
La DÉPENSE monte à	//	//	//
Il reste en Caisse le 1.er Mai 177	//	//	//

CERTIFIÉ véritable par nous Officier chargé de la Caisse

dudit Régiment, & conforme au compte général des dépenses faites par le Capitaine chargé de l'habillement. A le

VU & certifié par nous Colonel, Lieutenant-colonel & Major, &c. A le

VU & vérifié par nous Inspecteur général d'Infanterie. A le

N.° 12.

MANIÈRE de composer le noir pour noircir les guêtres.

ÉTAT des Doses & du poids des Drogues qui doivent entrer dans la composition de la teinture pour noircir quarante paires de guêtres.

Quatre gros de noir de fumée.

Demi-livre de savon noir.

Cinq pintes de bière, mesure de Paris.

On met le noir de fumée dans un vase, on verse la bière peu-à-peu, jusqu'à ce que le noir soit bien délayé.

On prend les guêtres une à une, on les étend sur une table, & avec une brosse à crins longs, on prend de la composition, qu'on étend légèrement; on les étend ensuite sur une corde.

La première couche faite & séchée, on en met une seconde, & on la laisse secher.

On met le savon noir dans une assiète, & l'on se sert de la même brosse pour étendre le savon légèrement sur toutes les parties enduites de noir.

On peut employer le noir d'ivoire, mais c'est plus cher de beaucoup.

On peut aussi employer le noir de fumée, avec de l'empois, sans bière, ni eau, ni savon noir.

Les guêtres du modèle sont noircies suivant la première méthode.

On observe qu'il vaut mieux que le Soldat mette le savon noir, lorsqu'il a les guêtres aux jambes; le savon durcissant la toile, le Soldat a plus de difficulté à mettre ses guêtres.

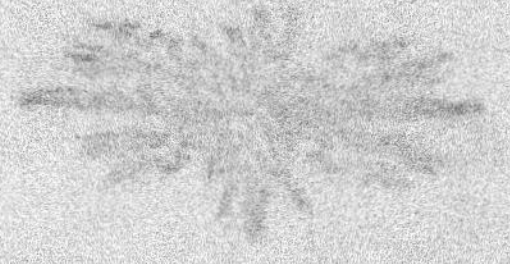

www.ingramcontent.com/pod-product-compliance
Ingram Content Group UK Ltd.
Pitfield, Milton Keynes, MK11 3LW, UK
UKHW021549260726
13993UKWH00002B/723